D1697174

Hubert Berke

Im Alfterer Atelier, ca. 1950, Foto: Chargesheimer

Hubert Berke
1908–1979

Ein Kooperationsprojekt von :

Landeseinrichtung Kunst aus NRW, Aachen-Kornelimünster

Landschaftsverband Rheinland, Rheinisches LandesMuseum, Bonn

LWL-Landesmuseum für Kunst und Kulturgeschichte, Münster

Deutsches Glasmalerei-Museum, Linnich

Städtisches Museum Gelsenkirchen

DUMONT

Inhalt

5	VORWORT
7	WIBKE VON BONIN Rückblicke
11	RICHARD KREIDLER »Figurinen – Dämonen – Masken« Zur Bildwelt Berkes im Frühwerk
19	ERICH FRANZ Das Maskenhafte und das Sich-Auflösende Berkes Zeit-Bilder aus den 1930er und 1940er Jahren
31	MARIA ENGELS Das dreidimensionale Werk Reliefs, Figurinen und Objektassemblagen
47	GABRIELE UELSBERG Malerei
75	DIRK TÖLKE Hubert Berke in Aachen – Lehrtätigkeit, Glasmalerei, Mosaik
82	BIOGRAFIE
96	IMPRESSUM

Vorwort

Hubert Berke kann zu den vielseitigsten, eigenwilligsten und interessantesten Künstlern der Nachkriegszeit in Westdeutschland gezählt werden. Dabei ist sein Wirken und sein Werk in den letzten Jahren unverständlicherweise scheinbar in Vergessenheit geraten. Seine Arbeiten belegen eine künstlerische Qualität, die den Boden für eine neue Kunstbewegung in Deutschland in der zweiten Hälfte des 20. Jahrhunderts bereitet hat. Zu seinem 100. Geburtstag nun haben sich fünf Museen die Aufgabe gestellt, diesen Künstler wieder in den Fokus der Betrachtung zu rücken und sein vielfältiges und vielschichtiges Werk angemessen zu präsentieren. Einer Einrichtung allein mag dies – gemessen an der Fülle und Pluralität des künstlerischen Œuvres Hubert Berkes – nicht gelingen, so dass die Entscheidung fiel, sein Werk nicht nur an einem Ort zu präsentieren, sondern im Kanon von verschiedenen Ausstellungen einen Überblick über die Aspekte seines künstlerischen Schaffens zu gewinnen.

So startet der Reigen von Ausstellungspräsentationen fast zeitgleich in Aachen und Bonn mit einem Gesamtblick auf die malerischen und skulpturalen Arbeiten. Während bei »Kunst aus NRW« in der ehemaligen Reichsabtei Aachen-Kornelimünster die frühen Arbeiten bis zu den Nagelskulpturen der 1950er Jahre zu sehen sein werden, präsentiert das Rheinische LandesMuseum des LVR den späten Berke mit seinen malerischen Serien und seinen zum Teil kinetischen Großskulpturen. In weiterer Folge stellt das LWL-Landesmuseum für Kunst und Kulturgeschichte in Münster das Frühwerk der 1930er und 1940er Jahre vor. Auch die Glasbilder, Entwürfe für Glasfenster und Mosaiken Hubert Berkes sind in einer eigenen Präsentation im Deutschen Glasmalerei-Museum in Linnich vertreten. Den Abschluss des Jubiläumsjahres bildet dann die Ausstellung in Berkes Geburtsstadt Gelsenkirchen, in der die Vielseitigkeit und Dichte von Berkes Werk sinnfällig wird. Die Retrospektive wird dort sowohl im Städtischen Museum als auch in der Sparkasse Gelsenkirchen gezeigt.

Die Reise in Berkes künstlerisches Werk ist spannend und überraschend. Oft erweist sich Berke als Vorreiter mancher strukturellen Entwicklung der Bildenden Kunst des 20. Jahrhunderts. Berke war ein Künstler, der am Puls der Zeit gearbeitet hat, immer neugierig, immer in der Lage, sich und andere zu begeistern, immer bereit, sich auf neue Wege und Maßgaben einzulassen.

Unser Hubert-Berke-Projekt war möglich, da sich die Familie Berke – seine Tochter und seine beiden Söhne – des Werks ihres Vaters nicht nur mit besonderer Sensibilität angenommen haben, sondern auch mit großem Engagement und persönlicher Einsatzbereitschaft die Museen bei der Zusammenstellung dieser Großpräsentation sehr unterstützt haben. Zu danken ist aber auch Dr. Richard Kreidler, dem besten Berke-Kenner, der als Kunsthistoriker sein Werk seit vielen Jahrzehnten begleitet und kongenial vermittelt.

Die Ausstellungsreihe und das vorliegende Katalogbuch sind somit das Ergebnis einer produktiven und kollegialen Zusammenarbeit zwischen unterschiedlichen Gruppen und Institutionen. Allen, die daran mitgewirkt haben, sei gedankt: *Maria Engels,* Landeseinrichtung Kunst aus NRW, Aachen-Kornelimünster; *Hermann Arnhold und Erich Franz,* LWL-Landesmuseum für Kunst und Kulturgeschichte, Münster; *Leane Schäfer,* Städtisches Museum Gelsenkirchen; *Dirk Tölke und Myriam Wierschowski,* Deutsches Glasmalerei-Museum, Linnich; *Gabriele Uelsberg,* Rheinisches LandesMuseum Bonn/LVR.

Ohne Titel, 1942, Gouache, 31,5 x 48 cm

Wibke von Bonin

Rückblicke

Hubert Berke gehörte der Generation an, die durch den Zweiten Weltkrieg geprägt ist und deren Werke seine Ereignisse und Folgen widerspiegeln. Die deutsche Nachkriegskunstszene scheint uns heute sehr fern, die 1950er und 60er Jahre mit ihrem Glauben an eine Fortschrittlichkeit in Richtung der Vollendung der Kunst in der Abstraktion sind kunsthistorisch und auch kunsthändlerisch seit ein paar Jahren von der jüngeren Generation aufgearbeitet und erforscht. Wie aber konnte es geschehen, dass eine Figur wie Hubert Berke in den Schatten seiner Generationsgenossen geraten konnte? Ich nenne nur Namen wie Fritz Winter, Hann Trier, Heinz Trökes, Emil Schumacher, Bernard Schultze, Ruprecht Geiger. Viele von ihnen haben ihn überlebt – liegt es daran? Hubert Berke hat ein vielfältiges Werk hinterlassen. Nur auf einige repräsentative Beispiele kann hier eingegangen werden.

Wenn man sich die Werk-Biografien der Künstler ansieht, die den Neuanfang einer Kunst nach dem Zweiten Weltkrieg in Deutschland bestimmten, so fällt auf, dass diese Männer – und sehr wenige Frauen – meist zusammen auftraten als Mitglieder von Gruppen, die mit Manifesten ihren Willen kundtaten und mit Bildern und Skulpturen Standpunkte bestimmten. Thomas Grochowiak hat 1983 im Rückblick festgestellt: »Wir wollten eigentlich durch unsere Bilder Ordnung schaffen. Wir wollten zeigen, dass wir auf dem Weg sind, das Chaos und die Resignation zugunsten einer Ordnung zu überwinden.« *(Katalog Aus dem Westen S. 17, unpaginiert)*

Und Werner Haftmann, der große Begleiter und Kritiker der Abstrakten sagte 1973 fast dasselbe: »Die Deutschen (sprangen) besonders an auf den Tachismus aus dieser bestimmten Lage der zerstörten Nation des durchgemachten Leides der total zerbombten Städte. Diese ganze zerbrochene Ordnung oder fantastische Unordnung, die jeder wieder an seinem Ort in Ordnung bringen wollte, stellte einen Freiraum her, in dem eben alles möglich war.« *(Katalog Thema Informel, Berlin, Haus am Waldsee, 1973)*

Und ein weiteres Zitat: »Die heutigen jungen Künstler wollen Klarheit des Geistes in der einfachsten Anschauung, d.h. für den Künstler Klarheit in den grundlegenden Formelementen.« *(Fr. Große – Pferdekamp, 1949, Katalog Aus dem Westen S. 9, unpaginiert)* So schreibt ein Kritiker angesichts der ersten landesweiten Übersicht über die neuesten Kunsttendenzen nach 1945, dem »Kunstwettbewerb 1949«. Kunst sollte in der Unsicherheit der Zeit Halt geben, unwandelbare Werte sollten sichtbar gemacht werden. Man gruppierte sich. Man traf sich, man diskutierte, man formulierte, man behauptete sich. Die große Subjektivität des Informel, des Antiformalistischen, wie Manfred de la Motte den französischen Begriff für sich übersetzte, ist der »Stil« der Zeit. Einerseits. Und zugleich wird versucht, das Wesen der Dinge darzustellen, d. h. vom Individuellen abzusehen.

Die Manifeste der Künstlergruppen sind heute ediert und die Texte der Kritiker nachlesbar, da wir uns seit einiger Zeit in einer Folge von Renaissancen der Dezennien dieses Jahrhunderts befinden. Besonders hinzuweisen ist auf die überaus lesenswerte Chronik der ersten 40 Jahre nach dem Krieg in dem Katalog Zeitzeichen, Stationen Bildender Kunst in Nordrhein-Westfalen, herausgegeben von Karl Ruhrberg.

Hubert Berke war nach Krieg und Gefangenschaft auf dem Gut Alfter bei Bonn untergekommen, wo er in einem alten Stall die seit seinem Studium von Paul Klee geprägte Arbeit in der Abstraktion wieder aufnehmen konnte, die ihm ja von den Nationalsozialisten verboten worden war. In Alfter gelang es, eine dieser übergreifenden Interessengemeinschaften an zeitgenössischem Denken ins Leben zu rufen, und Hubert Berke hatte 1947 wesentlichen Anteil an der Gründung der sogenannten »Donnerstag-Gesellschaft«. Der Fürst Salm-Reifferscheidt ermöglichte dies in seinem Schloss. Dort trafen mit Hubert Berke zusammen Joseph Faßbender, Hann Trier, Otto H. Förster, der Direktor des Wallraf-Richartz-Museums in Köln, Toni Feldenkirchen, der Direktor des Kölnischen Kunstvereins, und Hermann Schnitzler, Kustos, später Direktor des Schnütgen-Museums in Köln. In der Chronik liest man: »Die Donnerstags-Gesellschaft war ein geistiges Kraftzentrum von beachtlicher Ausstrahlung und hat zur Verarbeitung der in das Vakuum der ersten Nachkriegszeit einströmenden neuen geistigen Bewegung beigetragen. Hermann Schnitzler hielt einen Vortrag über ›Picasso in uns selbst‹, Haftmann sprach 1947 an einem ›Tag der abstrakten Kunst‹. Für eine Lesung von Sartres ›Fliegen‹ durch Kölner Schauspieler (1948) schufen Faßbender, Berke und Trier eine Serie von Glasradierungen, Ritzzeichnungen auf geschwärztem Glas, die wie Diapositive an die Wand projiziert wurden.« *(in: Ausstellung Faßbender, 1961/Zeitzeichen, S. 453)*

So kurz diese Notiz auch sein mag, *(länger ist der schöne Text über Alfter von Brunhilde Berke in dem Buch über den Maler mit dem Titel Masken im Sumpf)*, – so knapp formuliert, erkennt man doch einerseits, wie man den Hunger nach Kultur zu stillen suchte und andererseits die Lust der Künstler an der Improvisation, deren Laterna-Magica-Bilder leider nicht erhalten sind.

Andere Bilder Hubert Berkes aus jener Zeit gibt es noch. Der Ernst und die Schwere der Zeit sind aus ihren Bleiruten-gleichen Konturen abzulesen: ›Blaue Welt‹, 1949, hat etwas von einem Kirchenfenster wie auch ›Alfter‹ aus demselben Jahr und die Erzählung von 1948, die sich schwer nacherzählen lässt. Leichter ist das schon bei einem Blatt von 1947 mit dem Titel, ›Masken‹, Untertitel ›Der ist Schuld‹. Berke nimmt das Kriegsthema der ›Masken im Sumpf‹ mit einer klaren Schuldzuweisung nach dem Krieg wieder auf. Die sich während der Nazizeit verbargen, sind jetzt erkennbar. Die Groteske bekennt sich zu ihrem politischen Hintersinn, die Maskierung kann aufgehoben werden. Entsprechend steht am Ende der Serie von 1947 die ›Vergehende Maske‹.

Informel und deutliche Form stehen zeitlich nebeneinander bei Hubert Berke wie auch bei anderen Künstlern der Zeit. Weder Berkes ›Blaue Welt‹, 1949, noch die ›Stunde des Pan‹ aus demselben Jahr lässt Anderes als eine ausgewogene Farbkomposition interpretieren. Doch bleibt er im Allgemeinen halbabstrakt. »Der Gegenstand verschwindet, um sich als Form zu rechtfertigen«, heißt es bei dem französischen Kritiker Bazaine. *(Berke, Masken, S. 31)* Darin ist er Klee-Schüler. Aber auch darin, dass er sich von dem Meister in seinem Hang zum Skurrilen bestätigt fühlt. Neben den soeben betrachteten schweren, ernsten Bildern entweicht Berke immer wieder in die leichte Form, in die zarte, spielerische Linie auf hellen Farbgründen. Dies besonders in den Papier-Arbeiten mit Feder und Aquarell, z. B. der späteren ›Masken im Sumpf‹ der 1960er Jahre.

Berke war aber nicht nur ein hinreißender Zeichner; seine Freude am Komischen setzte er plastisch in Objekten um, die er aus Fundstücken herstellte – wobei die Nägel eine nicht unerhebliche Rolle spielten – hier sind Prioritäten festzumachen! – das surreale fetischhafte »objet trouvé« hat im Werk Berkes einen unübersehbaren Platz. Dieses Interesse am Exotisch-Fetischhaften war von lange her vorbereitet. Berke hatte fremde Kulturen früh kennengelernt. Auf einer Missionsschule hatte er zum China-Missionar ausgebildet werden sollen, hatte Philosophie und vergleichende Religionswissenschaft studiert, bevor er sich dem Akademie-Studium bei Paul Klee in Düsseldorf zuwandte.

Klee galt übrigens im Bauhaus als der »Weise des Ostens« *(Berke, Masken S. 52)*, und seine Nähe zur Kunst des Ostens ging mit dem Interesse Berkes an der fernen Kultur eine schöpferische Synthese ein. Kalligraphie ist hier nur das Stichwort für einen Bezugsrahmen, den Dirk Teuber sehr schön beschrieben hat: »Während für viele Künstler der Zugang zum ›Zen‹ eher methodisch nüchtern bleibt, öffnet er für Berke eine meditativ begründete umfassende Weltschau bis hinein in die alltägliche Umgebung seines vom japanischen Garten umgebenen Atelierhauses, das er seit den 1950er Jahren bewohnte, mit seiner Sammlung von Textilien, Möbeln, Masken und seiner umfassenden Spezialbibliothek.« *(Berke, Masken, S. 51 ff)* Alles geht in Berkes Werk ein: Kalligraphie, Tuschespiele im Sinne der japanischen Improvisationsübungen, Tupfen, Flecken, Streifen, Bänder und so fort.

Er bekannte sich zu dieser Position zwischen Ost und West und machte sie für sein Leben wie sein Werk fruchtbar. Beispiele sind die wunderschönen Syrien-Bilder, die Grafiken ›Holland‹ und ›Kreta‹. In der Landschaft Gesehenes wird skriptural-seriell systematisiert. Die Tuschetechnik begünstigt die Leichtigkeit des Hinschreibens ins Abstrakte übersetzter Fundformen. Es macht Freude, diese Blätter auf Spuren und Reste von Vergangenem und von Reiseerinnerungen anzusehen.

Weltoffenheit spiegelt sich in der Vielfalt der künstlerischen Produktion von Hubert Berke. Doch er bleibt auch kritisch bei sich zu Haus. Die Reihe der Schönheitsköniginnen scheint mit dem bisher Betrachteten thematisch nichts zu tun zu haben, und seltsam berühren in aller farblichen Helle der sechziger und siebziger Jahre die Figurinen der Vorhölle, General, Leibwächter, die KZ-Serie und die Reihe der Gehängten. Berke als politisch-melancholischer Mensch, der mitten im Wohlstands- und Pop-Art-Getümmel die Vergangenheit aufarbeitet. Eine bleibende Leistung.

(Rede anlässlich der Ausstellung Hubert Berke, Galerie Samuelis Baumgarte, 1996)

Ohne Titel (Totentanz), 1944, Gouache, 44,5 x 31,5 cm

Richard Kreidler

»Figurinen – Dämonen – Masken«
Zur Bilderwelt Berkes im Frühwerk

Erstes Vertrautwerden mit Fächern der Philosophischen Fakultäten an den Universitäten in Münster und Königsberg, die endgültige Entscheidung für das Kunststudium an der nicht unbedingt avantgardistischen Akademie der ostpreußischen Stadt, die Rückkehr nach dem Westen an die Akademie in Düsseldorf – angezogen vom Ruf Paul Klees – alles Orientierungsversuche und Hoffnungen einer ebenso sinnenhaften wie zur Melancholie neigenden jungen Begabung, die abrupt zunichte werden. Nur Vereinzeltes hat sich aus der Zeit vor 1933 erhalten – krass der Unterschied zwischen etwas steifen Blättern im Stil Burmanns und der schwerelosen Welt als Echo auf Klee. Der Abbruch des Studiums, die neue gesamtkünstlerische und soziale Situation zwangen zunächst zur Kultivierung der realistischen Darstellungsweise, die Berkes hohem zeichnerischem Talent entgegenkam. Für einen noch suchenden Künstler boten jedoch Klees mannigfaltige Formen der Behandlung der Linie, ihr Verhältnis zur Farbe, ihre Rolle im Gerüst der Komposition viele Möglichkeiten, sich zu üben und oft spielerisch, technisch-experimentell mit ihnen umzugehen. Klees Phantastik und die Ironie seiner Figurenbühne, seine zauberische Gegenwelt haben Berke zutiefst angesprochen. Sie wirken auf zahlreichen Blättern mit Figurinen nach: mitunter leichtfüßige Variationen nach Klee. Das Schicksal seines Lehrers, der für Berke »der beste heutige Maler ist«, hat den jungen Kunststudenten jäh aus den Träumen gerissen. Sein Selbstbildnis taucht aus einem mit phantastischen Gestalten bevölkerten Kosmos des Vorbilds auf. »Was mit uns im Winter wird, kann ich noch nicht sagen … Aber eines ist sicher, dass ich im Winter bestimmt nicht auf der Akademie bin. Der Betrieb dort ist fürchterlich. Die Leute laufen da in Uniformen und unfrei herum, das ist ja zum … Wir sind doch Maler und keine Soldaten!«

Wie kann nun ein junger Künstler nach der Übersiedlung in die Nachbarstadt im von ihm so bezeichneten »Kulturdschungel Köln« zu sich finden und sich behaupten? Die Gratwanderung zwischen Präsenz in Ausstellungen, der Illustrationstätigkeit für weit verbreitete Bücher und Drucksachen unpolitischen Inhalts und dem Aufbau eines »inneren Reiches« aus dem Geist seines Münsteraner Lehrers, dem christlichen Religionsphilosophen Peter Wust (1884–1940), lässt ebenso unverfängliche Arbeiten wie verborgen gehaltene Zeichnungen als Antworten auf die Hybris der Zeit des Nationalsozialismus entstehen.

Selbstverleugnung? Anpassung statt Widerstand? Pure materielle Notwendigkeit, die für einen 25-jährigen wie Hubert Berke zunächst dringender war denn »politisch reflektierte Selbstbehauptung als moderner Künstler«

(O. K. Werkmeister)? Es wird oft vergessen, dass sich die Antriebe und Forderungen eines elementaren Schaffensdrangs trotz aller moralischen Konflikte, auch entlastend, auf unverminten Themenfeldern bewegten. Eine Reihe im Nachlass erhaltener Arbeiten auf Papier steht inhaltlich und formal im größten Gegensatz zu seinem »öffentlichen« Werk (Porträts, Kinderdarstellungen, Stillleben), aber auch zu den stilistisch heterogenen Zeugnissen der deutschen Kunst im Widerstand. Berkes innere Verfassung während der Unrechts-Herrschaft, die er in den 1960er Jahren aufarbeiten wird, findet ihren Niederschlag in tiefgründigen Bildschöpfungen, die die Gegenwart noch in den ersten Nachkriegsjahren als Leidensgeschichte und Apokalypse interpretieren. Sie wirken der Vorstellung von einem rein äußerlich eher konfliktfreien Schaffen zwischen Pessimismus und Akzeptiertsein während der NS-Zeit in Köln entgegen. Die Bindung an die christliche Tradition, die Auseinandersetzung mit der Gedankenwelt des Münsteraner Existenzphilosophen Peter Wust, die in der Schulzeit beginnende Beschäftigung mit fernöstlicher Denkweise und Kunst bzw. außereuropäischen Kulturen, selbst die geheime Begeisterung für Jazz als »Neger-Musik« schlossen jeglichen Führer-, Rassen- und Volkstumskult aus. Sein individualistisch, aber von tiefem Rechts- und Wertbewusstsein geprägter Charakter mag allen NS-Ideologemen mit tiefer Skepsis, ja Ablehnung gegenüber gestanden haben.

Es kann hier nur angedeutet werden, wie stark Wusts Gedankenwelt bei Berke über die NS-Zeit hinaus nachwirkte. Die von dem Philosophen erkannten zentralen Phänomene des »hybriden Menschen«, der Unmenschlichkeit als allgemeiner »Vernichtung der Pietätssubstanz«, der »Dämonie der Bosheit« kommen bei Berke in vielen Arbeiten zur Darstellung bzw. zur Demaskierung – von Hitler bis Alexander dem Großen. Ebenso mag Berke sich innerlich Wusts »Inkubationsphasen der Schwermut« verwandt gefühlt haben. Melancholie wurde immer wieder zum Bildthema. Wusts zentrale Fragen »Hat sich die Erde geöffnet und hat das Pandämonium der Hölle seine Pforten aufgetan?« lasten über vielen Dämonen- und Maskenmotiven Berkes. Insgesamt stehen Berkes Arbeiten der NS-Zeit im Zeichen einer ungewöhnlichen breiten Ikonographie und Stimmungsskala.

Auch wenn Berke zum Thema »Kölner Karneval«, den er privat immer gerne feierte, vorrangig als Drucksachen im Auftrag, viele bunt-beschwingte, heitere Zeichnungen in verschiedenen künstlerischen Techniken und mitunter karikaturenhaften oder phantasiebetonten Inhalten geschaffen hat, so werden seit den 1930er Jahren Maskenzüge und Maske zur decouvrierenden Metapher für die eigene Zeit, für Täuschung und Wahn der Verführer und der in ihren Bann Gezogenen. Der Tod mischt sich in das Treiben, das Dasein wird zur ›danse macabre‹. Lachen und Spott über den Tod kann souveräner Selbstbehauptung erwachsen.

Die noch nach dem Krieg fortgesetzte, vielgesichtig-hintergründige Werkgruppe ›Masken im Sumpf‹ wird zum Abbild einer im Schlamm versinkenden Zone der Toten und Untergehenden, die Berke schon ahnungsvoll beschwört, als noch Kampf- und Siegeswille Machthaber und Parteigänger forsch marschieren lässt. Das »wahre« Gesicht ihrer Existenz erweist sich für Berke als Maske und Verkleidung, wohingegen sich bei saisonaler Kostümierung befreiendes Menschsein auslebt. Der Künstler wird zum Akteur in Taumel und Veitstanz und gleichzeitig zum ahnungsvollen Raisonneur. Kein Zeitgenosse hat in Köln die Ambivalenz der Maskenwelt seit den 1920er Jahren in der Reflexion der »dialektischen Daseinssituation des Menschen« (Peter Wust) so spannungsvoll gestaltet. In der Verhüllung konnten sich entlarvende Kritik am Wahnwitz und damit »die Zerbrechlichkeit der Identität in der Selbstbehauptung des Künstlers« (Monika Steinhauser), paraphrasiert von Unverfänglichem, manifestieren. Als »Ungesichertheitssituation« nimmt die Gegenwart zutiefst unwirkliche und unheimliche Züge an, die sich Berke, auch im Sinne von Wust, als Dämonenwirken erklären: »Hier ist Land nicht, hier ist nur ein hohles Brennen.« *(aus einem Gedicht Berkes)* Manche »Groteske« erlaubt bitteres Lächeln, verleugnet keineswegs die Faszination des Bösen, zumindest als künstlerisches Thema. Parodie und eher sanfte Satire als psychisch entlastende Strategie? In der Gruppe von Arbeiten, die um ›Babylon‹ kreisen, spricht sich in Themenwahl und künstlerischer Kraft Zeitdeutung, ja Prophetie aus. Auch hier wirkt das geistige Erbe Peter Wusts nach, für den Hybris ein Hauptlaster des 20. Jahrhunderts war. Verschlüsselt werden die kleinen und großen Anzeichen einer aufdämmernden Apokalypse und des Weltgerichts umgesetzt: »Das Gericht über die Menschen besteht darin, dass sie wegen ihrer Oberflächlichkeit zu ewiger Dummheit verdammt sind.« (Wust) Mit Bibel, Legende – so durch die Serie der »Versuchung des Hl. Antonius« – und gerade in Köln gegenwärtiger Bildtradition ließen sich Bedrängnis oder Sinndeutung aussprechen. Die Legende von der Versuchung des Hl. Antonius, ihre seit dem späten Mittelalter überbordende Bildtradition und moderne Neuinterpretation im Fin-de-Siècle, erfuhren nach 1933 auch für Berke eine neue Bedeutungsschwere. Der Einsiedler ist traditionsgemäß erotischer Verführung und der Bedrängnis durch Ungeheuer ausgesetzt. Ob Berke in den einzelnen Variationen, die zwischen Beklemmung und Erheiterung changieren, im Heiligen eine Identifikationsfigur empfand, muss offen bleiben. Zeiterfahrung und Stoff legen auch das Problem der göttlichen Zulassung des Bösen nahe. Askese bedeutet Ringen um Selbstbehauptung und innere Stärke angesichts des absurden Treibens der Welt. Der Künstler wird zum Klausner, der seine Zeitkritik in einer Legende verkleiden muss, dabei aber seine Gestaltungslust nicht verleugnen braucht.

Am 26. März 1936 hatte Hitler die Domstadt besucht. Im gleichen Jahr schuf der 28-jährige Künstler eine Gruppe von teils kolorierten Tusch-Pinselzeichnungen, die der Passion Christi gelten. Man wird annehmen dürfen, dass sich für Berke in den Leidensstationen menschliche Erniedrigung und Wehrlosigkeit wiederholten. Die »humilitas Christi« wird nach Wust zum Gegenbild der »superbia«. Die Darstellung des Leids kann zum Versuch der Leidüberwindung werden. In der Kraft des künstlerischen Ausdrucks scheint sich der mittelalterliche Appell an eine mystische »compassio« zu erneuern. Zu umfassender »Befreiung« und Mitte, aus deren inneren Tiefenschichten das Schaffen strömt, wird Berke aber erst in den nächsten Lebensjahrzehnten durch Zen-Buddhismus und Taoismus finden: »Alles, alles – Worte, Reden, Berge, Flüsse, die ganze Erde und jedes einzelne Ding, – es macht alles kehrt und kommt zuletzt doch auf dich selbst zurück.« *(Nach Pai-Chang, einem chinesischen Mönch, um 800)*

Gottverlassenheit, 1938, kolorierter Holzschnitt, 35,5 x 31cm

Frühwerk

Ohne Titel (Versuchung des hl. Antonius), 1946, Gouache, 32 x 47 cm

Ohne Titel (Selbstbildnis), 1934, Aquarell auf Papier, 23 x 31 cm

Frühwerk

Einer hält sich am anderen, 1943, Kohle auf Papier, 35 x 26 cm

Musikalisches, 1947, Gouache, 65,5 x 49 cm

ERICH FRANZ

Das Maskenhafte und das Sich-Auflösende
Berkes Zeit-Bilder aus den 1930er und 1940er Jahren

»Ich glaube fest daran, dass Paul Klee der beste heutige Maler ist, und wenn man ihn tausendmal verhöhnt und beschimpft.« So sicher und mutig urteilte der 25-jährige Kunststudent Hubert Berke in einem Brief vom 20.7.1933 an seine zukünftige Frau Brunhilde Hoppe, kurz nachdem er Paul Klee besucht hatte, der sein verehrter Lehrer an der Düsseldorfer Akademie war. Wenige Monate zuvor, im April 1933, war Klee von seinem Amt enthoben worden, da er »als Jude und als Lehrer für unmöglich und entbehrlich« angesehen wurde. Mit der Entlassung Klees verließ auch Berke die Düsseldorfer Akademie und zog sich in seine Heimatstadt Buer zurück, bevor er sich dann ab 1934/35 in Köln niederließ.

Berke hatte bei Klee vor allem gelernt, dass Formen und Farben selbst Ausdruck haben können – allein durch die Verläufe der Linien, durch die Abstufungen des Helldunkel und durch die Energien der Farbe mit all ihren unendlichen Variationen und Kombinationen. Kunst wirkt nicht durch Nachahmung vorgegebener Formen, »Kunst gibt nicht das Sichtbare wieder«, wie Paul Klee in seiner 1920 veröffentlichten Schöpferischen Konfession schrieb, »sondern macht sichtbar« – mit ihren eigenen bildnerischen Mitteln. Die Hunderte von Aquarellen, Zeichnungen und Gouachen auf Papier, die Berke in den 1930er und 1940er Jahren im Verborgenen schuf, beweisen seine Neugier und Offenheit im experimentellen Umgang mit diesen gestalterischen Prozessen. Sie beweisen aber auch, dass es in ihnen nicht nur um Formexperimente geht, sondern um das Sichtbarmachen eines Inhalts.

In den wenigsten Fällen sind diese Arbeiten abstrakt; doch die gegenständlichen Andeutungen gewinnen ihre Aussage durch die eindrücklichen Wege ihrer Formbildung. Dabei verfolgte Berke nicht jene Systematik und Konstruktivität, die Klees Bildern bei aller traumhaften Suggestivität immer auch eine rationale und sozusagen abgemessene Qualität verleihen. Berkes herausragende Werke aus dieser Zeit haben etwas Unfixierbares und Mehrdeutiges; sie leben aus den Übergängen zwischen extrem unterschiedlichen Gestaltungs- und Sichtweisen, etwa zwischen Geformtem und Formlosem, zwischen begrenzter Figürlichkeit und frei bewegter Linearität, zwischen Geometrischem und Fließend-Dynamischem. Damit erzeugen sie eine Doppelbödigkeit und Untergründigkeit, einen Blick hinter das Sichtbare, die sie mit wichtigen surrealistischen Tendenzen jener Zeit vergleichbar machen. Bereits Anfang der 1940er Jahre betonte Berke ganz unterschiedliche Formansätze, die er gleichzeitig ausprobierte: das Winklig-Geometrische, das Fleckenhaft-Aufgelöste oder das Gestisch-Dynamische. Aus seinen persönlichen Voraussetzungen entwickelte er bereits informelle Tendenzen, die dann nach dem Kriege aus ganz anderen Ansätzen zur beherrschenden Kunstrichtung wurden.

In zahlreichen Fällen bleiben bei Berke diese Formstudien Experiment und erreichen nicht immer jene tiefreichende Doppelbödigkeit, die viele seiner Bilder zu eindrucksvollen künstlerischen Zeugnissen ihrer Zeit macht: Sie zeigen, was nicht darstellbar ist und lassen etwas von der damaligen grotesken und grauenhaften Realität spüren. Andererseits konnte Berke auch in seinen zahlreichen illustrativen Arbeiten mit gestalterischem Geschick die gegenständliche Lesbarkeit betonen und die bedrohliche eigenwertige Formdynamik in den Hintergrund stellen, die dann lediglich als spielerische Andeutung mitschwingt.

Was Berke bei Klee gelernt hatte, zeigen vor allem seine Monotypien von 1934. Auch der Klee-Schüler Fritz Winter hatte 1928/29 am Bauhaus bei Klee diese Technik angewandt, bei der die Linie auf die Rückseite des Blattes gezeichnet wird und sich in eine feuchte Ölfarben-Schicht eindrückt, auf der das Blatt locker aufliegt. Die Linie gewinnt dadurch eine große eigenständige Qualität als Verlauf; sie verliert jede körperabgrenzende Konturqualität. Genau diese Verselbständigung der Linie als »Element« hatte Paul Klee immer betont; damit verselbständigte sich auch die Helldunkelabstufung und die Farbausbreitung. Ein sich andeutender Horizont bewirkt bei diesen Blättern von Berke keine räumliche Tiefe, sondern suggeriert eine Zone des Unterirdischen, in dem offen bleibt, ob die Figuren und Schemen zu einer Grabes- und Totenwelt oder zu einer Traumwelt gehören, die mehr noch aus suggerierten Vorstellungen als aus erfassbaren Gestalten besteht.

Die Technik der Monotypie erzeugt auch teils zufällige Strukturen des Abdrucks von der Farbfläche, die dann als Ausgangspunkt für geisterhafte Fantasiegebilde dienen können. Dieses halb ungeplante Entstehenlassen von irrealen Gestalten aus ungesteuerten Strukturen erinnert an Max Ernsts »Frottagen«; Berkes Blatt »Sterbender Wald« von 1936 *(Museum Ludwig)* ist mit seinen Abdruck- und Grattage-Mustern und seiner Lichtwirkung, die hinter einer materiell verdichteten »Wald«-Silhouette aufscheint, wohl ohne den Eindruck von Max Ernsts Wald-Bildern *(entstanden ab 1927)* kaum vorstellbar.

Von geradezu bestürzender Eindringlichkeit sind zahlreiche Bilder mit Figuren von barocker Sinnlichkeit und zugleich geisterhafter Irrealität. Aus farbigen Flecken und nassen Pinselspuren deuten sie sich in dicht gedrängten Setzungen an und erscheinen ebenso ungreifbar wie in ihrer direkten Farbwirkung geradezu bedrängend präsent *(Werkgruppe der »Masken im Sumpf«, Themenkreise des Apokalyptischen und Dämonischen)*. Das Maskenhafte wird zur grundlegenden Bilderfahrung des Doppeldeutigen, bei dessen Gestaltung Berke alle Ausdrucksnuancen einsetzt – vom Lauten und Bunten bis zu poetischer Verhaltenheit –, wobei diese Eindrücke immer auch gebrochen und aufgehoben erscheinen, als vordergründiger Lärm vor dem Hintergrund der Auflösung, des Unfassbaren und Dunklen.

Die intensiven Farben werden in ihrer materiellen Präsenz unmittelbar wirksam – und erscheinen zugleich unverlässlich. In anderen Werken entziehen sich die dünnen Linien dem erfassenden Blick, oder die kubisch-winkligen Formen verlieren durch dynamische Gesten oder mehrfache Konfigurationen ihre Eindeutigkeit. Die Farben, die Linien und die Formen gewinnen gerade aus dem Kontrast zu den anderen, gegensätzlichen Wahrnehmungen ihre Intensität; sie werden zugleich verstärkt und in Frage gestellt. In Berkes Bildern entstehen Gebilde, sie tauchen auf – und lösen sich auf. Gerade in dieser nachdrücklichen Unfixierbarkeit liegt ihre Glaubwürdigkeit, ihre Qualität, als Kunst nicht nur etwas »wiederzugeben«, sondern es »sichtbar« zu »machen«.

Aus den fleckigen Farbverläufen und auch aus den nuancierten Rhythmen von Linien, Flächen und Hintergründen entwickelte Berke dann – vermutlich schon Anfang der vierziger Jahre – eine gestische Malerei, die mit der Setzung jeder einzelnen Linie auch die Setzung einer bestimmten Geschwindigkeit verband. Berke ist darin etwa mit Hans Hartung vergleichbar, der ebenfalls auf individuelle Weise schon einmal das »Informel« erfand, bevor es dann später von anderen Künstlern auf andere Weise noch einmal erfunden und entwickelt wurde. Berkes Interesse für unterschiedliche Gestaltungsweisen war immer auch ein Interesse für unterschiedliche Denkformen. Wiederholt war er mit fernöstlichem Denken und Formen *(Kalligrafie, Tuschemalerei)* in Kontakt gekommen. Nun aktivierte er diese Anregungen bei seiner Dynamisierung der linearen Geste – und rhythmisierte sie zugleich durch eine Verzeitlichung des Bildes, die auch an musikalische Vorgänge erinnert *(»Jazz«)*.

Berke hatte von Klee die Überzeugung von einer tiefreichenden Inhaltlichkeit des formalen Prozesses erworben. Mit seiner gestalterischen Neugier und seiner Experimentierlust schuf er in den 1930er und 1940er Jahren Bilder, die in ihrer formalen Bodenlosigkeit bewegende Aussagen zur Situation ihrer Entstehungszeit darstellen.

Groteske Gestalten, 1945, Tusche auf Papier, 25 x 35 cm

1930er und 1940er Jahre

Ohne Titel (Masken), 1940–1950, Tusche mit Tempera auf Papier, 35 x 48,5 cm

Höllentiere, 1934, Monotypie, 31 x 48 cm

Ohne Titel, 1938, Gouache, 48 x 62,5 cm

1930er und 1940er Jahre

Zum Ende, 1940, Gouache, 31 x 48,5 cm

Ohne Titel (Masken im Sumpf), 1944, 31 x 49 cm

Der Infant Karl verbrennt die Meerkatze »Uhlenspiegel«, 1936, Aquarell mit Tusche auf Papier, 38 x 57 cm

Ohne Titel, 1934, Aquarell auf Papier, 24,5 x 40 cm

1930er und 1940er Jahre

Bedeckt, 1945, Aquarell auf Papier, 40 x 35 cm

Steine, 1949, Gouache, 48 x 62 cm

Ohne Titel, 1946, Monotypie, 62 x 49 cm

1930er und 1940er Jahre

Ohne Titel, 1948, Gouache, 62 x 48 cm

Ohne Titel (Schrei), 1960, Holz, Metallteile, bemalt, 34 x 25 x 12 cm

Maria Engels

Das dreidimensionale Werk –
Reliefs, Figurinen und Objektassemblagen

Der Anteil der dreidimensionalen Arbeiten am Gesamtwerk von Hubert Berke ist im Vergleich zu seinem malerischen Œuvre, das hunderte von Gemälden und tausende von Papierarbeiten umfasst, eher gering. Gerade einmal 115 Nummern umfasst das Werkverzeichnis im Anhang von Barbara Asboths im Jahr 1991 an der Universität Wien vorgelegten Dissertation zu diesem Thema: »Relief und Objektkunst im Werk des Kölner Künstlers Hubert Berke *(1908–79)*«.

Einige dieser Werke sind dabei nur noch durch Fotos nachweisbar, was sich wohl auch daraus erklärt, dass diese Objekte für Berke ausgleichenden Charakter hatten im Sinne eines eher spielerischen Zusammenfügens unterschiedlichster Fundstücke und Restmaterialien zu fantasiereichen Gebilden und Objekten, die einem viel unmittelbareren und spontaneren Impetus und Umgang mit dem Material entspringen als sein malerisches Œuvre. Dennoch handelt es sich – wie Barbara Asboth fundiert und kenntnisreich nachweist – um einen eigenständigen und sehr persönlichen Beitrag Berkes zur Entwicklung der Objektkunst in der 2. Hälfte des 20. Jahrhunderts, der im Zusammenhang mit dem Gesamtwerk des Künstlers bisher nur wenigen Kennern vertraut ist, obwohl einzelne dieser Objekte und Figurinen durchaus in verschiedenen Ausstellungen präsent waren. Ihr zauberhafter, poetischer und von unglaublich feinfühligem Umgang mit dem Material und dem sensiblen Gespür für die Wirkung vorgefundener, gesammelter Gegenstände zeugender Charakter macht in meinen Augen ihren hohen künstlerischen Reiz aus.

Seine ersten dreidimensionalen Arbeiten schuf der Künstler vor der Mitte der 1950er Jahre, als er schon in Köln-Rodenkirchen ansässig war und die Entwicklung der Kunst hierzulande nach dem Krieg schon einen Neuanfang genommen hatte – nicht zuletzt von ihm selbst als Mitglied des Alfterer Kreises, beziehungsweise der sogenannten Donnerstag-Gesellschaft, angestoßen – und sich vom Desaster des Dritten Reiches zu erholen begann.

Die freie Abstraktion, ein neues Bewusstsein für das Material, auch für die haptischen Qualitäten der pastos aufgetragenen Farbe in der Malerei, der spontane, gestische und subjektive Akt des schaffenden Künstlers gewinnen entscheidende Bedeutung. Jede formalistische Vorgabe wird abgelehnt und als suspekt eingestuft, beziehungsweise als potentielle Doktrin verworfen. Die entstehende deutsche Variante der allgemein als abstrakter Expressionismus bezeichneten Bewegung wird konsequenterweise als Informel bezeichnet.

Schon in den 1930er und 1940er Jahren hatte Hubert Berke seinem Malmaterial insoweit besondere Beachtung geschenkt, als er durch Kratzen, Ritzen und Aufbrechen der Malschicht Oberflächeneffekte erzielte, die später Werk bestimmend wurden und sozusagen die ersten Versuche darstellten, der dritten Dimension, dem Raum, Einlass in das Bild zu gewähren.

Die ersten »Nagelplantagen« entstanden um die Mitte der 1950er Jahre aus dem Wunsch heraus, eine malerisch behandelte Bildfläche in den Raum hinaus wachsen zu lassen. Das Trägermaterial der »Nagelplantagen« – gefundene Holzstücke oder kleine gegossene Betonklötze – ist in ebenso tachistisch informeller Manier bemalt, wie auch die zunächst nur geringfügig aus der Fläche ragenden, aber doch unterschiedlich tief eingeschlagenen oder eingedrückten Nägel, wobei es sich um die unterschiedlichsten Nagel- bzw. auch Hakenformen handelt.

Diese als Reliefs zu begreifenden kleinen Werke hängen wie Bilder an der Wand oder werden liegend als flache Objekte präsentiert. Das Licht- und Schattenspiel der Nagelschäfte und -köpfe verstärkt den Reiz der ja noch nur verhalten angedeuteten dritten Dimension. Den strukturellen Charakter, der wie naturhaft gewachsen erscheint – gleichmäßig ausgebrachte und aufgegangene Saat kann assoziiert werden –, hat der Künstler wohl im Blick gehabt, als er den Titel »Nagelplantage« für diese frühe Form seiner Objektkunst gewählt hat.

Primär und bestimmend für diese Art Gestaltung ist dabei sicher der Wunsch des Künstlers, unter Einsatz von vorgefundenen Materialien das Bild aus seinen flächigen Zusammenhängen zu befreien, worin sich einerseits der Grundgedanke Berkes, einen werkstofforientierten Ansatz in sein Schaffen einzubringen, manifestiert, andererseits aber auch das Streben nach einer ganz subjektiven Ausdrucksmöglichkeit fassbar wird.

Schon die frühen »Nagelplantagen« offenbaren aber auch den im Grundsatz spielerischen Impetus Berkes, Fundstücke aller Art, Naturprodukte, Werkzeugreste, kleine Schrottteile, zunächst aber Holzstücke und selbstgegossene Betonblöckchen als Träger für genagelte Strukturen zu benutzen, wobei sowohl die Nägel als auch die Trägermaterialien bemalt wurden. Auf diese Weise konnte er freier und ungebundener agieren als in seinem übrigen zweidimensionalen malerischen Schaffen. Grundsätzlich entwickeln sich nämlich sowohl die Malerei als auch die Anfänge des dreidimensionalen Schaffens bei Berke noch aus demselben künstlerischen Grundkonzept einer informellen Gestaltungsvorstellung.

Das Bestreben, vorgefundenem Alltagsmaterial eine neue Bedeutung im Bereich des künstlerischen Schaffens einzuräumen, hatte sich schon lange vor der NS-Diktatur in der ersten Hälfte des 20. Jahrhunderts in vielfältiger Weise manifestiert. Es ging einher mit der Entwicklung der abstrakten Kunst und brachte über den Wiedererkennungseffekt von Materialrelikten tatsächliche Realitätsfragmente in die Kunst ein, die in ein ambivalentes Verhältnis zur Idee der Abstraktion treten. So zum Beispiel bei den »papiers collés« Picassos und Braques und den »Ready-Mades« von Marcel Duchamp, den »Merz-Bildern« eines Kurt Schwitters, den Materialskulpturen eines Gonzales und eines Picasso, die Liste ließe sich noch weit fortsetzen. Barbara Asboth spannt in ihrer schon erwähnten Dissertation einen weiten Bogen durch die Kunstgeschichte des 20. Jahrhunderts und weist auf die Hubert Berke sicher stark beeinflussende Fetischskulptur der afrikanischen primitiven Kunst hin, die ja auch von hoher Bedeutung für die gesamte Entwicklung der Kunst im frühen 20. Jahrhundert war. Wie der Biografie Hubert Berkes zu entnehmen ist, haben ihn solche Phänomene Zeit seines Lebens, sozusagen von Kindesbeinen an, begleitet und interessiert, vom Besuch der Missionsschule an, bis hin zu eigener Sammeltätigkeit kultisch ritueller Gegenstände und dem Anlegen einer kleinen fachspezifischen Bibliothek, wobei sein Interesse über die afrikanische Kunst hinausging.

Zu diesen allgemeinen Entwicklungszusammenhängen der Kunstgeschichte des 20. Jahrhunderts, den biografischen Besonderheiten und persönlichen Interessen des Künstlers Hubert Berke, kommt seine sicher höchst eigenwillige, von seinen Kindern sehr anschaulich beschriebene Sammelleidenschaft (-wut) bezogen auf alle nur erdenklichen Dinge hinzu, die in seinen Händen und beflügelt von seinem schöpferischen Geist zum spontanen Gag mutierten, aber eben auch Auswirkungen in einem bestimmten Bereich seines ohnehin unglaublich vielseitigen Œuvres hatten.

Waren die Reliefs der »Nagelplantagen« noch eindeutig aus der informellen Malerei Berkes herzuleiten, so verselbständigen sich seine Figurinen und »Fetische« zu von der Malerei unabhängigen Objekt-Skulpturen, die das Schaffensspektrum des Künstlers entscheidend erweitern und bereichern. Die meist kleinformatigen, vielfach bemalten Hausgöttinnen, Gespenster, skurrilen Figurinen, gespickten, tierhaften Wesen bevölkern die eigenständige Ideen- und fantastisch belebte Vorstellungswelt des Künstlers, der ja auch in seiner Malerei die informelle Abstraktion nie absolut gesetzt hat.

Bei aller gelegentlich durchaus vorhandenen thematischen Nähe zu den Gemälden der »KZ-Serie« und ähnlichen Bildinhalten, transportieren die kleinen Figurinen und fetischartigen Gebilde jedoch in erster Linie eine spielerische, materialorientierte Leichtigkeit, die beweist, dass in den Händen Berkes jedes noch so unscheinbare, belanglose Abfallfundstück offensichtlich ohne Mühe und mit dem Bewusstsein allergrößter schöpferischer Freiheit eine Verwandlung in den Bereich der Kunst erfahren konnte. Der okkulte, rituelle, bedrohliche Charakter des Fetischs weicht freier, autonomer, poetisch künstlerischer Ausdruckskraft, die in der Tradition der Entwicklung der modernen Kunst steht.

Dass fast immer – auch schon sehr früh – nicht nur in den »Nagelplantagen« der Nagel eine herausgehobene, aber keineswegs alleinbestimmende Rolle bei der Auswahl der verwendeten Materialien spielte, sei nur nebenbei erwähnt.

Die Figurinen und tierhaften Fetischskulpturen werden unmittelbar vom Betrachter in ihrem in erster Linie humorvoll hintergründigen Inhalt begriffen und üben in ihrer objekt-orientierten, zauberhaften Leichtigkeit eine große Faszination aus als bedeutungsvolle einmalige wesenhafte Erscheinungen künstlerischer Fantasie.

Die Gabe des Künstlers, seine Assoziationsfähigkeit in vorgefundenen Resten, weggeworfenen Überbleibseln und gesammelten Fundstücken das Material für seine Objekte und Skulpturen zu erkennen, aber auch die schöpferisch-spielerische Freude an seinem zusammenfügenden und kombinierenden Tun, teilen sich in jedem Fall in den Werken unmittelbar mit. Genauso entscheidend sind allerdings auch die kurz beschriebenen kunsthistorischen Zusammenhänge, sie weisen dem Künstler mit einem Teilbereich seines Werkes eine zweifellos unverwechselbare, individuelle Position in der Entwicklung der Objektkunst der Nachkriegszeit zu.

Das beweisen nicht zuletzt auch die größeren Objektassemblagen, die in den 1960er Jahren entstanden sind und zum Teil mit kinetischen Bewegungselementen und Geräuschsimulationen versehen sind, die ihren humorvollen Inhalt bei allem unterschwelligen Ernst in fast satirischer Manier für den Betrachter evident werden lassen.

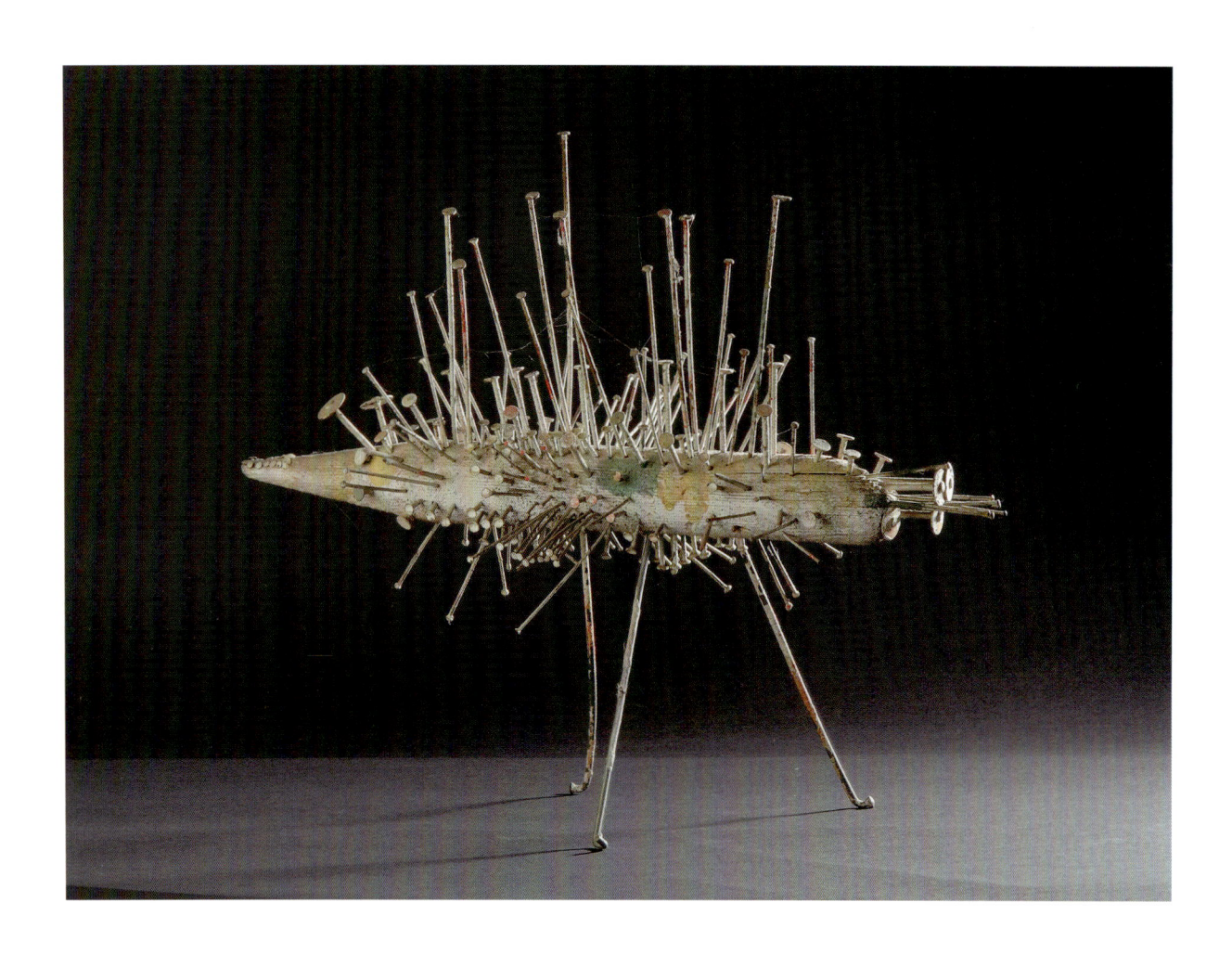

Ohne Titel, 1958, Holz, Nägel, bemalt, 40 x 47 x 26 cm

Das dreidimensionale Werk

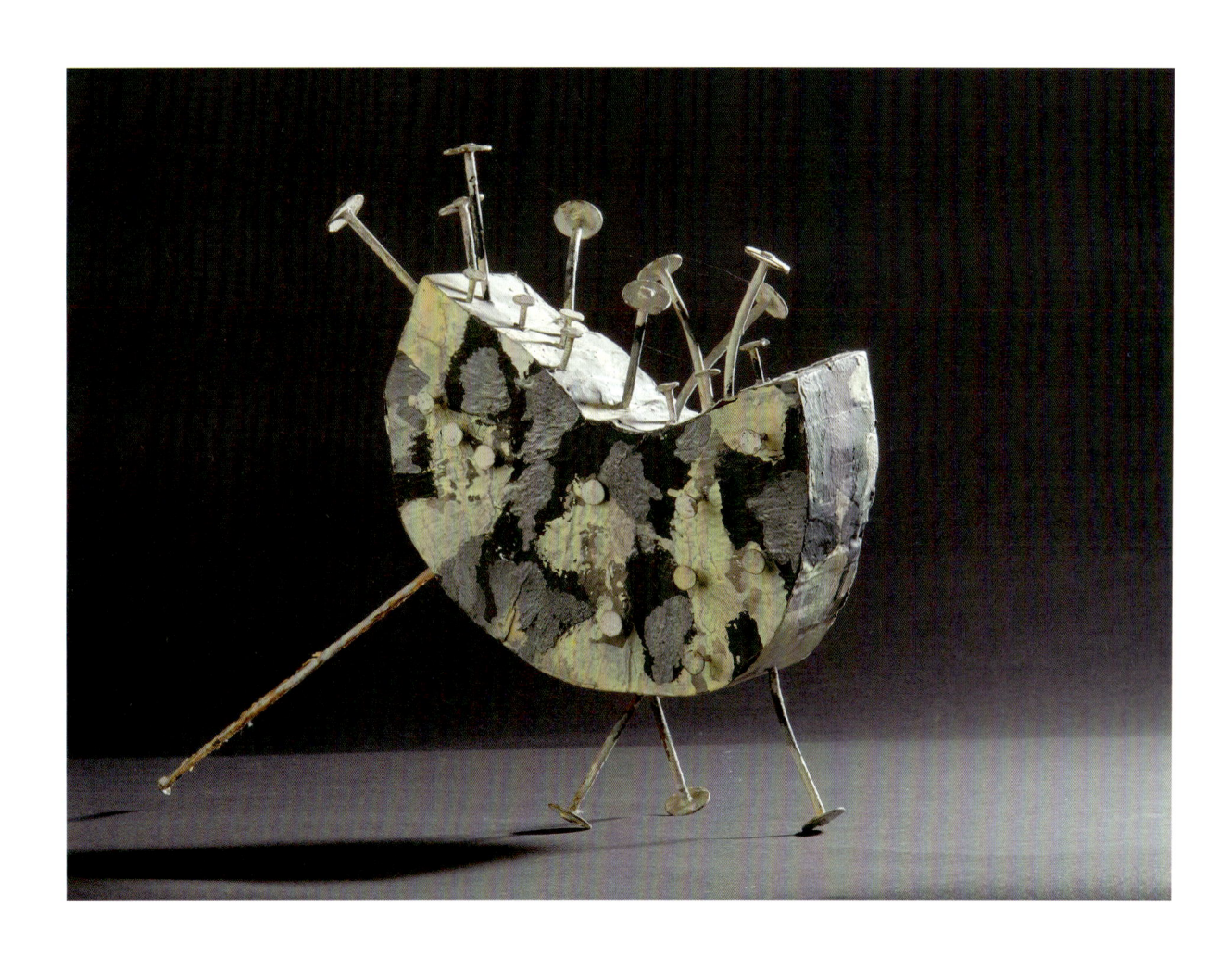

Ohne Titel, um 1955, Holz mit Papier beklebt, Nägel, bemalt, 28 x 35 x 10 cm

Ohne Titel, 1968, Holz, Nägel, Metallteile, bemalt,
42 x 32 x 15 cm

Figur, 1955, Holz mit Stoff beklebt, Nägel, bemalt,
44 x 20 x 12 cm

Das dreidimensionale Werk

Ohne Titel (Nagelplantage), um 1956, Holz, Nägel, bemalt, 14 x 8 x 4 cm

Ohne Titel (Gespenst), um 1960, Holz mit Stoff beklebt, Metallteile, Spiegel, Nägel, bemalt, 56 x 45 x 25 cm

Das dreidimensionale Werk

Kreis, 1951, Holz, Blech, Nägel, Metallteile, bemalt, 52 x 19 x 33 cm

Ehrenfriedhof für Städtebauer, um 1960, Holz, Zement, Nägel, bemalt, 22 x 20 x 5 cm

Das dreidimensionale Werk

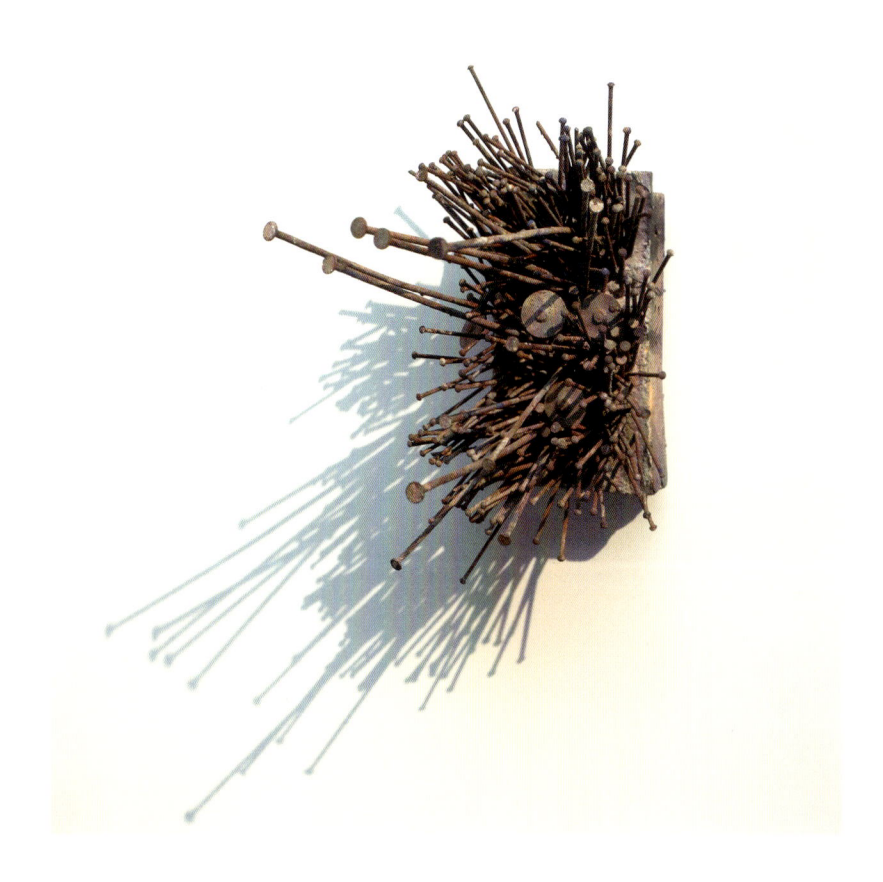

Ohne Titel, um 1955, Zement, Nägel, bemalt, 21 x 21 x 4 cm

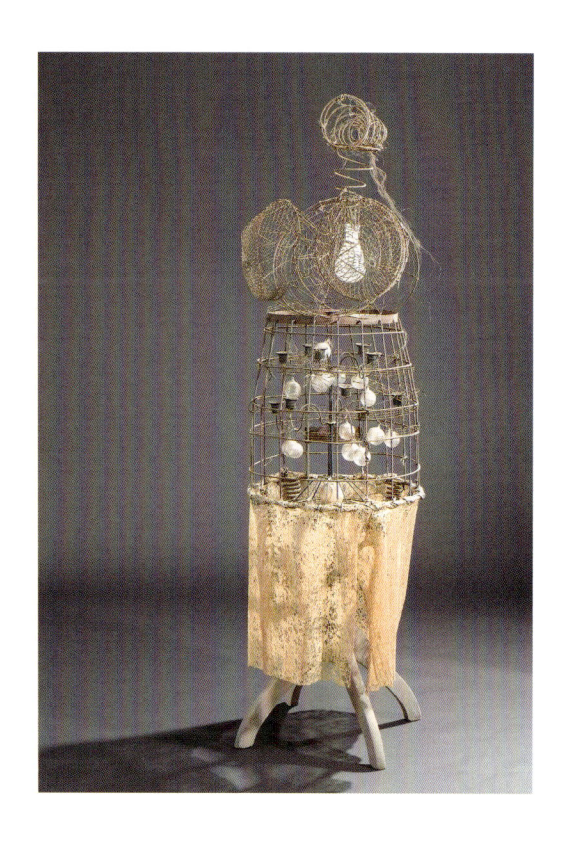

Drehbare Rosalinde mit Innenleben, um 1970, Drahtkorb, -siebe, Glaskugeln, Kerzenleuchter auf Drehschemel, 154 x 45 x 45 cm

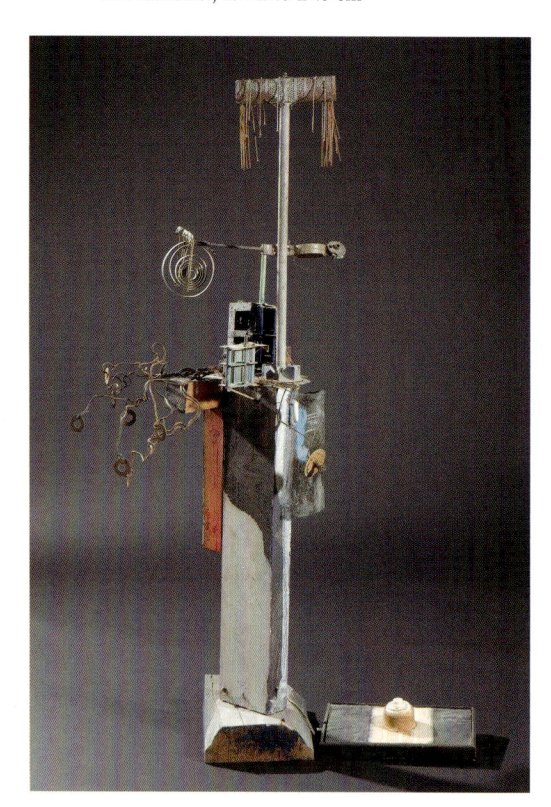

Ohne Titel (kinetisches Objekt), um 1970, Holz, Metallteile, Draht, Nägel, bemalt, 127 x 52 x 45 cm

Das dreidimensionale Werk

Der Dank des Vaterlandes ist Euch gewiss, 1969, Metallschrank, Waschtrommel, diverse Fundstücke, 220 x 50 x 60 cm

Grisaille, um 1957, Öl auf Karton, 73 x 39 cm

Das dreidimensionale Werk

Ohne Titel, 1970, Öl auf Leinwand mit Fundstücken, 100 x 70 cm

Syrien I, 1974, Öl auf Leinwand, 150 x 80 cm

Gabriele Uelsberg

Malerei

»Berke war der vielseitig Spielende.«[1] So charakterisierte der Maler Hann Trier seinen Weggefährten. Trier beschreibt damit treffend ein stilistisches Phänomen in der Arbeit Berkes, das sich von seinen frühen Anfängen bis hin zu seinen letzten Werken belegen lässt und das mit seiner Offenheit und Experimentierfreude verknüpft ist, die ihn Zeit seines Lebens ausgezeichnet hat. Das künstlerische Phänomen Berke ist von der bemerkenswerten Balance zwischen Zeichnerischem und Malerischem, zwischen Figurativem und Abstraktem gekennzeichnet. Berke als zeichnenden Maler oder als malenden Zeichner zu definieren ist ebenso schwierig wie die Trennung zwischen Figuration und Abstraktion zu vollziehen – einer solchen Typisierung wusste der Künstler mit meisterlicher Geschicklichkeit auszuweichen.

Seine frühen Arbeiten sind geprägt durch die Akademien in Königsberg und Düsseldorf und vor allen Dingen angestoßen durch den kurzen Kontakt zu Paul Klee als Lehrer. Berke entwickelt zeitig eine Form- und Farbsprache, die sich stets an Themen und an konkreten Beobachtungen von Natur, Personen oder auch Situationen konkretisiert. Hubert Berke hat sich in diesem Sinne nie eines einseitigen Stils bedient, der sich allein auf die Verhältnissetzungen von Form und Farbe und die Gesetzmäßigkeiten struktureller Komposition bezieht, sondern er hat jedes einzelne Bild im Prozess von Material, Experiment, Thema und Motiv neu erarbeitet. Dabei ließ sich Berke auch aktiv leiten von philosophischen Ideen oder von Reiseeindrücken. Ein solches künstlerisches Vorgehen verpflichtet den Maler zu immer neuen Ansätzen und zum ständigen Kampf mit Leinwand, Farbe und Form. Hubert Berke hat sich dieser Anforderung mit Hingabe gewidmet, was die Fülle seines malerischen Werkes in der Breite wie auch in der Qualität über mehr als vier Jahrzehnte belegt.

Seine Bilder der 1930er Jahre erweisen die Nähe zur künstlerischen Position Paul Klees. Berke zeigt bereits sehr deutlich seine Herangehensweise an das Bild in Bezug auf die Verschränkung von Ebenen. Immer wieder legt er viele malerische Strukturen übereinander und gewinnt so Oberflächen, die wie in einer optischen Schichtung die verschiedenen Lagen aus konkreten, objektbezogenen und rein malerischen Texturen zu einer Gemäldehaut verweben. Auch spezielle Techniken, um das Material der Bilder zu betonen – wie Schaben, Kratzen und Aufbrechen der Malschicht – lassen die Arbeiten erkennen. Diese besondere Materialauseinandersetzung ist ein wesentlicher Bestandteil von Berkes Zielsetzung, die sich im Späteren auch in der Realisierung seiner Objekte, seiner Skulpturen und der Reliefbilder manifestieren wird. Die Themen jener Jahre – Masken tragende Gestalten, Dämonen,

Schreckensgestalten und närrische Grotesken – sind Symbole einer Zeit, in der es unmöglich war, in freien Themen und freier Malerei zu arbeiten.

Nach 1945 bricht sich im Werk von Hubert Berke dementsprechend die Abstraktion Bahn. Zunächst aus kleinen facettenartigen Strukturen zusammengesetzt, werden die Arbeiten im Laufe der Jahre kraftvoller und entwickeln auf der Bildfläche ein spannungsvolles Gegenspiel von schwarzen, deutlich gesetzten Pinselzügen in geometrischer Manier mit stark farbigen Flächen zu einem dichten kompositionellen Bildgewebe, das zwischen kubistischen Anleihen und geometrischer Abstraktion changiert. »Das wohl bedeutendste Werk des Jahres 1949, ›Stunde des Pan‹, das durch geometrisierende Abstraktion naturmystische Empfindungen konkretisiert, schafft einen überzeugenden Ausgleich zwischen den vielen bunten, opaken und durchsichtigen Bildteilen.«[2]

Eine letzte Möglichkeit der Romantik – so erscheint uns heute jene neue Epoche des Versuchens und der Veränderung in allen künstlerischen Bereichen, die mit dem Kriegsende 1945 begann. Es waren radikale experimentelle Kunstrichtungen. In einer Welt des Irrationalen fand die Kunst hier einen Gegenpol zur geometrischen Abstraktion mit ihrer Logik und Gesetzmäßigkeit. Es entwickelte sich jene Art der Expression, die es verstand, den dramatischen Konflikt, von dem der Einzelne besessen war, wiederzugeben. Die Sprachlosigkeit, die die Welt befallen hatte, da das Vertrauen in die Vernunft der Menschheit erschüttert war, fand in jener künstlerischen Bewegung ein Ausdrucksmittel, in der die Kontrolle durch den Verstand und die Gesetze eines schöpferischen Willens oft ganz zu Gunsten der reinen Spontaneität aufgegeben waren.

Ein Begriff war schnell gefunden: Informelle Malerei, Tachismus, Abstrakter Expressionismus. Das gemeinsame Ziel war die Befreiung der Kunst von den Fesseln eines einengenden Formalismus. Diese Befreiung war eine technische und zugleich konzeptionelle. Das Malprogamm beruhte auf Improvisation und Experiment. Ein wichtiger Bestandteil bei der Entstehung dieser informellen Bilder ist neben dem Faktor Zeit und der Geschwindigkeit auch das Zufallsmoment. Das Ergebnis der Bilder allerdings – darüber darf kein Zweifel bestehen – ist durchaus nicht zufällig, sondern bleibt abhängig vom Entscheidungsprozess des Künstlers, der mit diesen »glückhaften Zufälligkeiten« bewusst operiert. Willkür hat da keine Chance – Freiheit schon.

Hubert Berkes informelle Arbeiten besitzen, verstärkt durch seine Beschäftigung mit fernöstlicher Kalligraphie, einen besonderen Grad an Leichtigkeit und zeichnerischem Duktus, den er durch geschabte und gekratzte Lineaturen auf der Leinwand hervorruft. Er wendet in jenen Jahren auch Fließtechniken an, um mit dünnflüssiger Farbe Strukturen auf der Leinwand entstehen zu lassen. Deutlich wird aber auch bei den informellen Arbeiten von Hubert Berke, dass er die Schichtungen seiner Bilder immer wieder in vielen Arbeitsschritten verdichtet und so zu einer Oberflächentextur gelangt, die über das Informelle hinaus ein Höchstmaß an malerischer Komposition und struktureller Setzung beinhaltet. Zeit ist in seinen Bildern so weniger Geschwindigkeit als vielmehr Prozess und Entwicklung.

Auch Musik und Malerei begegnen sich in vielen künstlerischen Positionen der 1950er Jahre, und so finden sich auch im Werk von Hubert Berke Serien wie »Jazz« oder »Negro Spirituals«, in denen die Dynamik und der Rhythmus der musikalischen Impulse ihren Niederschlag auf der Leinwand gefunden haben. Berkes swingende Leinwände scheinen verdichtete Akkorde und Rhythmen zu transportieren, die den Künstler als akustische Leitlinie bei seiner künstlerischen Arbeit begleitet haben und die er als visuellen Ausdruck von Dynamik und Progression in die Bildern umsetzt. Neben der Musik des Jazz als neue befreiende Kraft nach den dunklen Jahren, tritt auch die Philosophie des Zen in Leben und Werk des Künstlers ein. Kalligraphische Tuschmalerei in Kombination mit den Rhythmen, die aus dem Jazz entwickelt sind, bestimmen im Werk von Hubert Berke nun eine eigene Sprache, die er in jenen Jahren zu einer unverwechselbaren Ausdrucksform herausbildete.

In den 1960er Jahren nehmen Erlebnisse und Erfahrungen, die Berke auf Reisen gewinnt, zunehmend Einfluss auf seine Arbeiten. In dieser Zeit entstand die umfangreiche Werkgruppe »Sylt«, die er aus der Auseinandersetzung mit dem Landschaftsraum der Küste entwickelt hat. Er sagte dazu: »Intensives Leben einer Reise vermag eine genaue in der Arbeit ablesbare Zäsur zu schaffen … Das Erlebnis ist von der Natur, aber die Gestaltung ist fern, unabhängig von der Natur. Das Erleben wird umgesetzt durch Komponieren, kritisches Auslassen, Dazunehmen von bestimmten Formen und Formationen.«[3] Der Farbkanon dieser von landschaftlichen Ereignissen inspirierten Serien ist aus Naturtönen gebildet und wirkt mit seinen Lasuren und Schichtungen transparent und atmosphärisch. Die darüber gelegten Schwarzzeichnungen sind im Duktus spontan und lebhaft und bilden einen Kontrast zu den luziden Farbräumen.

Hubert Berkes eigenständige künstlerische Zielsetzung wird auch darin deutlich, dass er sich in den 1960er Jahren parallel zu seinen aus dem Informellen entwickelten abstrakten Bildkompositionen konkret der menschlichen Gestalt zuwendet. Anlass und Ausgangspunkt für diese bewusste Rückkehr zur figurativen Malerei sind politische und gesellschaftliche Ereignisse, die Hubert Berke zu Stellungnahmen herausfordern. So entsteht in diesen Jahren unter anderem die »KZ-Serie«, zu der er sich aufgrund der Nürnberger Prozesse aufgerufen sieht. Totenköpfe in Abbreviaturen, verlaufende Formen, Schimären und die Dominanz von Schwarz-Weiß und Grau zeichnen die Bilder aus. Zu dieser KZ-Serie gehören auch die Werke mit dem Titel »Hängende«, die allesamt 1964 entstanden sind. Die »Hängenden« treten als Einzelfiguren, als Paare oder als Dreiergruppen auf.

Eine Reise im Jahr 1963 führt Berke nach Syrien und bringt ihn in Kontakt mit der Wüste und ihren landschaftlichen Erscheinungsformen. Die Bilder dieser Serie, die daraufhin über mehrere Jahre entstehen, verbinden in seinem Werk die Elemente des Informellen mit materialimmanenten Strukturen. Berke entfaltet in dieser Serie ein Kaleidoskop von malerischer Poesie. Die Spurensuche, auf die sich Hubert Berke in Syrien eingelassen hat, setzt sich in seinen Arbeiten der nächsten Jahre immer deutlicher fort und findet ihren Höhepunkt und Abschluss in der Herkulaneum-Serie, das Resultat eines Besuches im Jahr 1978. Der damals 70-jährige entdeckt die römische Antike in den Resten der Ausgrabung neu. Der Aufbau der Bilder ist überraschend systematisch und struktureller als in den freieren Syrien-Werken, die Oberfläche teilt sich in Rechtecke, Kreise und ornamentale Formen. In manchen Arbeiten scheint er indirekt auf das Formvokabular der römischen Wandmalereien zurückzugreifen. Das erste Mal finden sich Elemente, die scheinbar mit dem Lineal gezogen sind und sich ganz bewusst im Duktus der malerischen Oberflächen als ordnendes System der Bildfläche einordnen. Auch sein abschließendes Bild wurde durch die Reise nach Herkulaneum inspiriert. »Stele II« von 1979 ist das letzte Bild, das Hubert Berke geschaffen hat.

1 Aus den Trümmern, Kunst und Kultur im Rheinland und in Westfalen 1945 – 1952. Neubeginn und Kontinuität, herausgegeben von Klaus Honnef und Hans Martin Schmidt, Bonn, 1985
2 Richard Kreidler, Hubert Berke, 1988, S. 21
3 Hubert Berke in Richard Kreidler s.o., S. 35

Bildnis einer Puppe, 1941, Gouache, 62 x 48 cm

Malerei

Ohne Titel (Blumenstilleben), um 1930, Gouache, 65 x 50 cm

Ohne Titel (Frauenportrait), 1939, Öl auf Leinwand, 60 x 36 cm

Im Schatten, 1949, Öl auf Hartfaserplatte, 130 x 100 cm

Stunde des Pan, 1949, Öl auf Hartfaserplatte

Malerei

Blaue Welt, 1949, Öl auf Hartfaserplatte, 130 x 100 cm

Heiter, um 1955, Öl auf Leinwand, 120 × 90 cm

Malerei

Zwei Momente, um 1955, Öl auf Leinwand, 110 x 80 cm

Ohne Titel, 1956, Öl auf Leinwand, 100 x 130 cm

Ohne Titel, 1956, Öl auf Leinwand, 90 x 150 cm

Malerei

Widmung, 1957, Öl auf Leinwand, 100 x 60 cm

Joshua fit the battle of Jericho, 1957,
Öl auf Leinwand, 120 x 80 cm

Auf hellem Grund, 1957, Öl auf Leinwand, 120 x 90 cm

Malerei

Ohne Titel, 1957, Öl auf Leinwand, 150 x 70 cm   *Ohne Titel*, 1958, Öl auf Leinwand, 150 x 90 cm

Ritual, 1958, Öl auf Leinwand, 80 x 130 cm

Ohne Titel, um 1955, Gouache, 48 x 62 cm

Malerei

All God's Children, 1958, Öl auf Leinwand, 150 x 100 cm

Mildes Grau, 1961, Öl auf Leinwand, 150 x 90 cm

Malerei

Kirkes Garten, 1961, Öl auf Leinwand, 90 x 150 cm

Hängender, 1964, Öl auf Leinwand, 150 x 90 cm

ohne Titel (Hängender), 1964, Öl auf Leinwand, 150 x 100 cm

Malerei

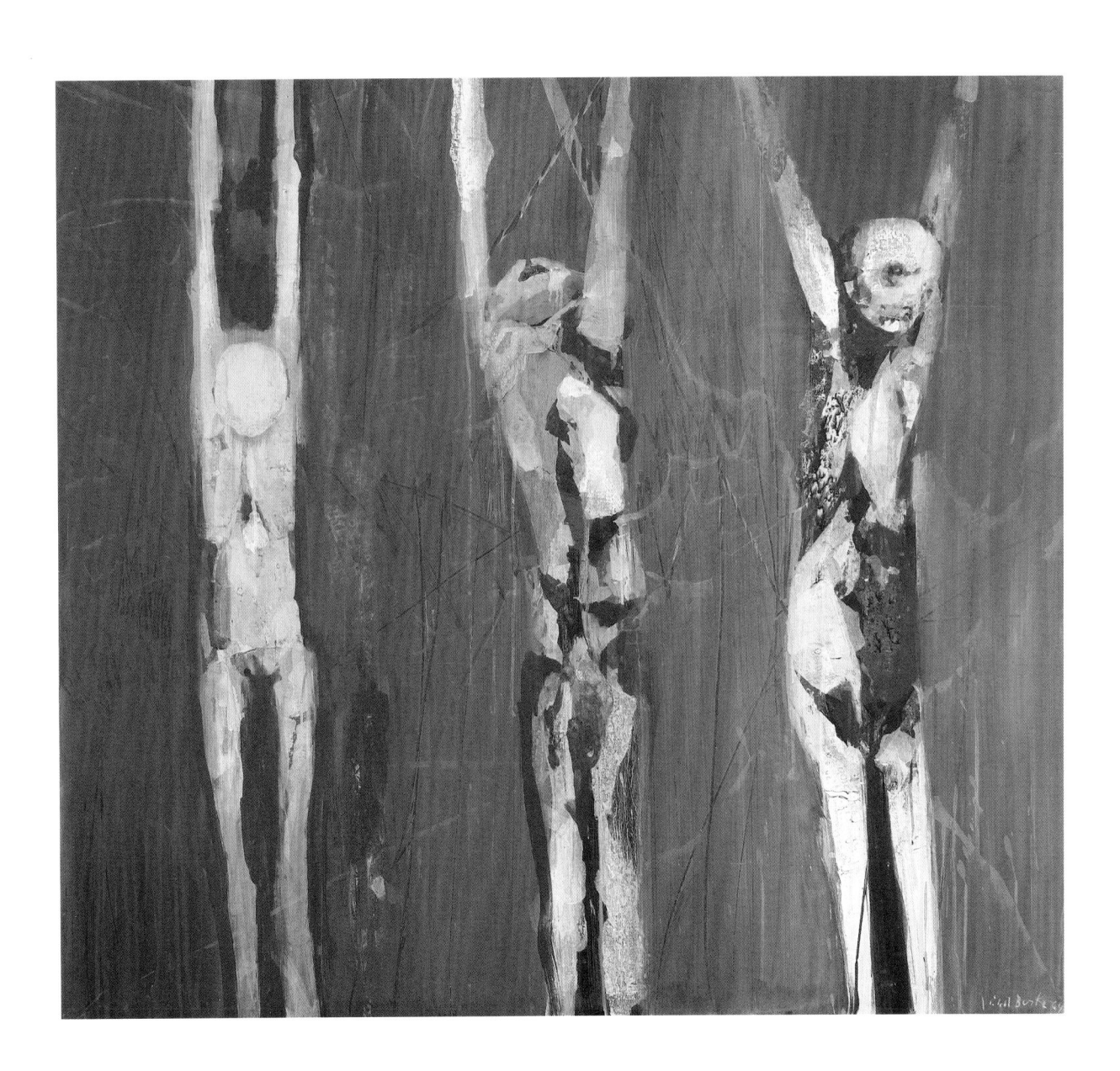

Hängende (am Tag der Wahl), 1964, Öl auf Leinwand, 135 x 150 cm

Ohne Titel, 1965, Öl auf Leinwand, 150 x 80 cm

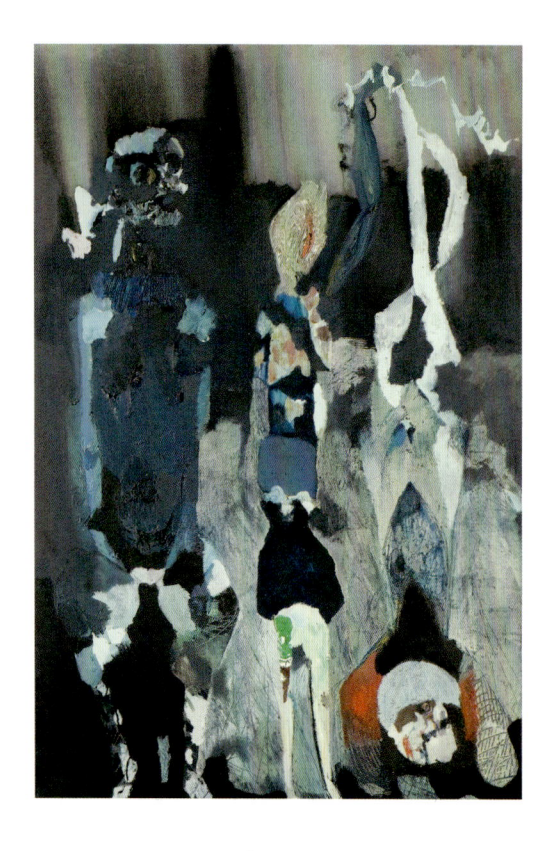

Figurinen, 1965, Öl auf Leinwand, 150 x 100 cm

Malerei

Ohne Titel (Herculaneum), 1979, Öl auf Leinwand, 120 x 100 cm

Ohne Titel, um 1965, Öl auf Leinwand, 100 x 70 cm

Ohne Titel (Figurine), 1965, Öl auf Leinwand, 60 x 50 cm

Malerei

Ohne Titel, um 1965, Öl auf Leinwand, 70 x 50 cm

Ohne Titel (Figurine), 1966, Öl auf Leinwand, 62 x 62 cm

Zur Odyssee, 1969, Öl auf Leinwand, 150 x 80 cm

Malerei

Ohne Titel (Figurinen), um 1970, Öl auf Leinwand, 150 x 100 cm

Bild 72/1, 1972, Öl auf Leinwand, 100 x 70 cm

Ohne Titel, 1974, Öl auf Leinwand, 50 x 70 cm

Malerei

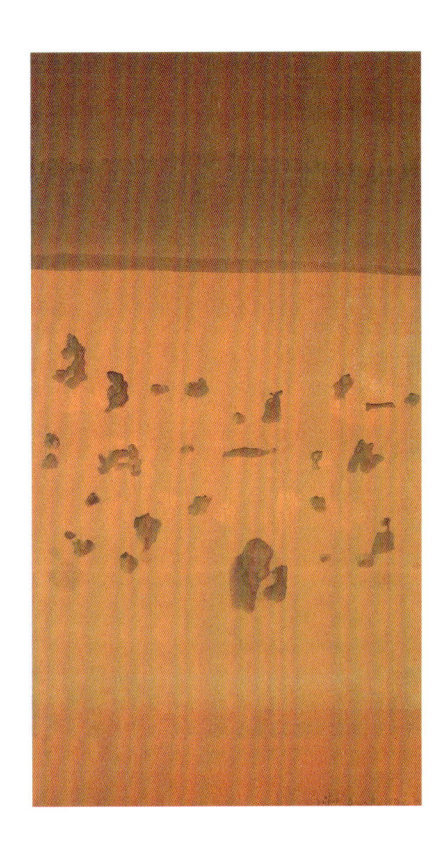

Syrien III, 1974, Öl auf Leinwand,
150 x 80 cm

Syrien IV, 1975, Öl auf Leinwand,
150 x 80 cm

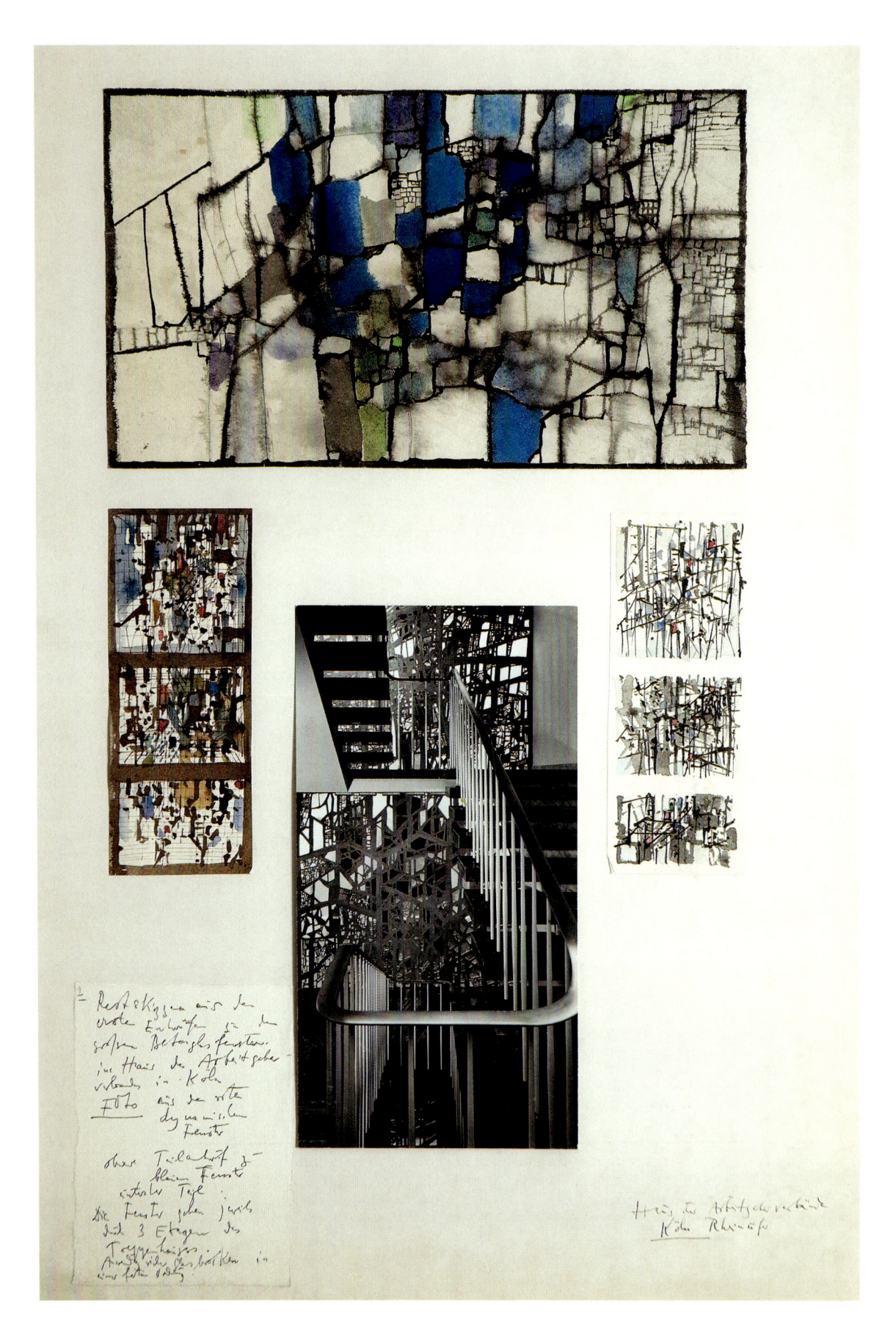

Entwurf für das Betondallglasfenster im »Haus der Deutschen Arbeitgeber«, Köln 1964, Montage auf Karton

Dirk Tölke

Hubert Berke in Aachen –
Lehrtätigkeit, Glasmalerei, Mosaik

Hubert Berke war vom 15.5.1960 bis 30.9.1973 als Leiter des Lehrstuhls für Freihandzeichnen und Aquarellieren an der Fakultät für Bauwesen der Rheinisch Westfälischen Technischen Hochschule in Aachen tätig.[1] Seine Professur erleichterte ihm ungefällige Themen *(KZ-Zyklus, Syrien, Hängende ...)* und machte ihn vom Schubladendenken des Kunstmarkts unabhängig, der durch seine zwischen Abstraktion und Figuration, freier Collage und realistischer Illustration pendelnden Phantasietätigkeit irritiert wurde. Auch die als »Kunst am Bau« ignorierte, weil nicht vermarktbare, »angewandte Kunst« der Glasmalerei ging in diese Richtung. Gründe, die Berkes Isolierung mehrten, mit der unangemessenen Folge, dass sein kreatives Potential bis heute selbst in spezialisierten Themenausstellungen oft nur einer Erwähnung seines Namens wert scheint.

Die spielerisch experimentelle Aufgeschlossenheit Hubert Berkes gegenüber jeglicher Art von Gestaltung veranlasste ihn nach ersten Versuchen in Alfter ab 1960 verstärkt, seine kalligraphisch konturierten Porträts und von linearen Gespinsten überzogenen informellen Farbgefüge in Glasbilder und Mosaiken umzusetzen, meist auf Glas und nicht mit Glas malend. Seine Berufung nach Aachen wurde maßgeblich vom damaligen Ordinarius für Kunstgeschichte Prof. Wolfgang Braunfels betrieben, der zu dieser Zeit Dekan der Fakultät für Bauwesen und Leiter der Fachabteilung für Architektur war.[2] Die nötige Qualifikation als zeitgenössischer Maler hatte er sich durch viele Ausstellungen und wichtige Kunstpreise schon erworben. Sein zeichnerisches Vermögen war dabei wichtiger Ausgleich seines freien Malstils. Er blieb ungemein produktiv, die Ausstellungen gingen aber bis Anfang der 1970er Jahre etwa zurück.

Die Umbenennung des Lehrstuhls in »Lehrstuhl für bildnerische Gestaltung« 1971 war dann zum einen den neuen Gestaltungsinteressen der Architekten geschuldet und zum anderen dem Faktor, dass das Prüfungsamt nun Lehramtsstudenten für Kunst und Gestaltung im Nebenfach ausbilden ließ, die bald die Zahl der ca. 300 Architekturstudenten erreichte. Die gemischte Interessenlage und die Anfechtungen durch Studierende Ende der 60er Jahre veränderten die Atmosphäre am Lehrstuhl und in der Fakultät. Im Wintersemester 1971 ließ sich der um Ausgleich bemühte Berke überreden, die Leitung der Fachabteilung für Architektur zu übernehmen. Berke war ohne Frage politisch interessiert, wie seine frühe Auseinandersetzung mit NS-Greueltaten im Blick auf Täter und Opfer zeigte. Er tat dies jedoch in einer allgemeineren malerischen Befragung menschlichen Verhaltens.

[1] Am 9.12.1967 wurde er vom ao. Prof. zum ordentlichen Prof. Informationen entstammen seiner Personalakte im Hochschularchiv der RWTH (PA 311), Telefonaten und Gesprächen mit den dankenswerterweise bereitwillig Auskunft gebenden Zeitzeugen: Dipl.-Ing. Rainer Flock (Wiss. Mitarb.), Prof. Dipl.-Ing. Rudolf Bertig (Wiss. Assistent), Prof. Dipl.-Ing. Klaus Eichenberg (Wiss. Assistent), Ilse Antoniou (Sekretärin), Libor Schelhasse (Mitarbeiter), Peter Kreusch (Studentische Hilfskraft) und Elisabeth Derix (Glasmalereiwerkstatt Wilhelm Derix, Düsseldorf-Kaiserswerth), bes. deren Werkliste. Vgl. auch Rainer Flock: Lehrstuhl für Freihandzeichnen und Aquarellieren, in: Aachen. Die RWTH, Stuttgart 1961, S. 110 sowie in: Hans Martin Klinkenberg (Hg.): RWTH Aachen 1870/1970, Stuttgart 1970, S. 279 (m. Farbabb. des Wandmosaiks im Foyer des Sammelbaus für Allgem. Wiss. in Aachen, 1964)

[2] vgl. Wolfgang Braunfels: »Der Erinnerung an Empfindungen gewidmet«. Bemerkungen zu Hubert Berkes Bild »Mitteilungen«, in: Alma Mater Aquensis 1 (1963), S. 67 und 68; Abbn. v. Naturstudie, Glasmosaik und Kohlezeichnung (Übungen) in AMA 3 (1965), S. 42, 48 u. 52

Hochschulpolitik, Verwaltungsaufgaben und dem Hickhack bei Sitzungen konnte er wenig abgewinnen. Er vertrieb sich dabei die Zeit mit Skizzen, die die Verhaltensweisen der Anwesenden erfassten. Den administratorischen Sachzwängen abhold, die im wesentlichen dann seine Assistenten Bertig und Flock übernahmen, erwies sich Berke zusehends von der Schärfe der Konfrontationen und der Ausweitung seines Lehrstuhls überfordert, sowie durch Herz-Kreislaufstörungen und beidseitigen grünen Star beeinträchtigt und trat bereits am 1.2.1972 von der Leitung des Fachbereichs zurück.

Die vielfältigen Belastungen Berkes, dessen Künstlerleben mit der zunehmend bürokratisierten und politisierten Lehrtätigkeit immer schlechter in Einklang zu bringen war, zumal seine Werke weder dem veränderten Zeitgeist oder einer flüchtigen Auseinandersetzung, noch den Zielsetzungen einer neuen Architektengeneration entgegenkamen, mag seine Tendenz zu depressiven Stimmungen gefördert haben. Als noch die Augenkrankheit dazukam, ließ er sich am 20.6.1973 mit 65 statt 68 vorzeitig emeritieren. Ab 1972, wieder von Rainer Flock vertreten, folgten mehrere Aufenthalte in Kreta und Holland. Die Erfahrungen verarbeitete er in Zyklen, in denen sich sein Vokabular, seine eigentlich von Klee übernommene, bis dahin sich durchziehende Tendenz, lineare Gespinste auf farbige Flächengefüge zu schichten, etwas verschob. Nun wurden häufiger geordnete Flächenmuster auf informell verwobene streifige Flächengefüge geschichtet, indes die grauen und erdigen Farbtöne mit heiteren Tönen durchmischt wurden.

In seiner Lehrtätigkeit vermittelte Berke keine explizite Farblehre, sondern machte Bemerkungen zu den Arbeiten der Studierenden, in die er selten eingriff und dann nicht verbessernd, sondern durch Notationen am Rande der Blätter. Neben Aktzeichnen und dem Thema des Figurativen, wurden Collagen und Stillleben zur Aufgabe gestellt, in denen Berkes Neigung zum Zertrümmern der Form insofern wirksam wurde, als er Schrottfragmente sammeln und zu Stillleben arrangieren ließ. Sein Materialfeeling zeigt sich auch bei seinen kinetischen Plastiken und Assemblagen, von denen eine Stele mit dem Titel »Ehrenfriedhof für Städtebauer« eventuell ironisch auf das Aachener Umfeld zurückgreift *(s. Abb. S. 40)*.

Seine konstant neben der informellen Malerei betriebene Tendenz zur Figuration und seine in realistischen Illustrationen sich niederschlagende Begeisterung für technische Formen und regionale Landschaften *(Ruhrgebiet, Rheinland)* traf im Rahmen des Freihandzeichnens auf Gegenliebe, insbesondere bei den fußläufigen Exkursionen nach Seffent, einem Dorf bei Aachen, das häufig Ziel von Landschaftsstudien wurde. Freihandzeichnen hatte damals noch einen höheren Stellenwert für das Erfassen von Strukturen und die Geläufigkeit beim Umsetzen von Ideen in Skizzen. Einmal jährlich boten die Mittel des Lehrstuhls die Möglichkeit zu einer großen Exkursion *(Peloponnes (1962), England, Niederlande)*. Der Aktzeichenunterricht wurde meist mit professionellen Modellen aus dem Theater durchgeführt, später auch mit Studierenden.

Berke blieb Kölner, auch als er in Aachen lehrte. Bis 1969 vermittelte der Bahnreisende Akt- und Freihandzeichnen *(Mo+Di)*, sowie experimentelle und angewandte Malerei *(Fr)*. Montags unterstützte ihn seit 1963 der Maler Carl Schneiders. Vor seinem Unterricht führte Berke häufig Gespräche mit Prof. Dr. Eleanor von Erdberg *(1907–2002)* die, seit 1951 Professorin für ostasiatische Kunstgeschichte, durch ihre Chinaaufenthalte und weitreichenden Kenntnisse in chinesischer Kunst und Kultur ein idealer Ansprechpartner für

3 vgl. Sabine Fehlemann, Werner Schäfke: Hubert Berke. Masken im Sumpf, Köln 1992, S. 159; Eleanor von Erdberg: Der strapazierte Schutzengel. Erinnerungen aus drei Welten, Waldeck 1994

4 ergänzend zu nennen zw. 1969–73: Dipl.-Ing. Hans Erdmann Falck, Dipl.-Kfm. Dieter Emert, Dipl.-Ing. Helmut Wahle (Fotografie) und Herbert Schmitz (Zeichnen und Malen)

den Sammler und China-Interessierten Hubert Berke war. Daraus erwuchs eine intensive Freundschaft.[3] Für den Unterricht bedeutete dies, dass seine Ostasiatika und Afrika-Sammlung thematisiert wurde, etwa im Hinblick auf die darin wahrnehmbaren Vereinfachungs- und Abstraktionsstrukturen. Im Foyer des Fakultätsgebäudes *(Reiffmuseum)* stellte Berke einmal seine Afrika-Masken-Sammlung aus, zum Schutz in selbstgebauten Hühnerkäfigen, eine improvisierte Lösung, die sicher der flexiblen Phantasie Berkes entsprach. Diese entfaltete sich mit den Studierenden auch bei den in Aachen legendären von Anfang der 50er bis Mitte der 80er Jahre durchgeführten Karnevalsfeiern. Diese »Afafafafeis« *(Architekturfachabteilungsfachschaftsfamilienfeiern)* wurden mit umfangreichen thematischen Dekorationen ausstaffiert, die meist schon lange vorher im Lehrstuhl gestaltet wurden. Die gesellige und spontane Art Berkes erwies sich auch bei Einladungen in sein Atelier für den engeren Kreis seiner Mitarbeiter und Studenten als befruchtend.[4]

Seine besten Schüler waren sicher seine Assistenten, die für ihre eigene malerische und zeichnerische Entwicklung viel von Berke mitgenommen haben. Berke sprach gern über seine Interessen, erwähnte aber seltener die Werke, die er selbst in Zyklen verarbeitete. Als fruchtbar erwiesen sich auch Diskussionen mit Rainer Flock, der den Lehrstuhl übergangsweise geleitet hatte und wesentlich die Umsetzung der Kunst am Bau-Projekte durchführte. Ein erstes abstraktes, »Ausgleich« betiteltes Werk für die Eingangshalle des Oberlandesgerichts in Hamm von immerhin 20 x 2,3 m Größe *(1960)* und Projekte in der sich baulich erweiternden RWTH weckten Berkes Interesse.

Hubert Berke hat eine Reihe von Mosaiken entworfen. Die Materialität des Glases mit seinen leuchtenden Farben hat ihn fasziniert. Die farbigen Platten wurden am Lehrstuhl zerteilt und ausgewählt, aber die technische Durchführung lag bei Rainer Flock, der in seiner Ausbildung an den Kölner Werkschulen und als Assistent des Glasmalers Wendling praktische Erfahrungen gewonnen hatte. Er hatte das Problem, die meist nur ein bis zwei DIN A4 Seiten großen Aquarelle in mehrere Meter breite Entwürfe umzusetzen, die als zerteilte lange Bahnen an den hohen Wänden der Lehrsäle hingen und dort im Maßstab 1:1 vorgefertigt wurden, um dann vor Ort noch einmal in ein Mörtelbett eingefügt zu werden, wobei sie bewusst eine reliefhaft unebene Fläche bildeten. Die Tendenz Berkes, in seinen Entwürfen zwar Farbigkeit und Oberflächenreiz, aber nicht die Materialgerechtigkeit, Statik und Herstellungsbedingungen zu berücksichtigen, erwies sich für die Umsetzung als Erschwernis, da die Vergrößerung nur näherungsweise dem Entwurf entsprechen konnte.

Das galt auch für Glasbilder. Berkes kalligraphische Liniengespinste, die er in seinen Gemälden und Aquarellen über die farbigen Gründe legte, hatten zwar Anmutungen von Bleiruten oder Betonarmierungen, aber sie waren in keiner Weise statisch durchdacht, also wieder malerisch und nicht konstruktiv im Gefüge, was etwa 1965 bei der Treppenhausverglasung des 2007 wieder abgerissenen Kölner Zentrums der deutschen Arbeitgeberverbände starke Eingriffe in die Gerippestruktur des Betondallglasentwurfes bedingte, um die Statik zu sichern. So entstand in den Segmenten eine Substruktur, die in ihrer optischen Prägnanz durch die Leuchtkraft der zu Farbschwerpunkten gruppierten Dickgläser zurückgedrängt wird.

Die Umsetzung seiner Glasfenster überließ Berke auch in der Glasmalereiwerkstatt Wilhelm Derix in Düsseldorf-Kaiserswerth geschulten

Handwerkern, wohingegen er vielfach die freien malerischen Teile seiner Fenster vorskizzierte und dann direkt in Schwarzlot auf die Glasscheiben zeichnete, wie etwa die Heiligenfenster der Christus-König Kirche in Essen-Haarzopf. Die Bleirutenfenster für die Bonner Stiftskirche hingegen bilden ein an seine Arbeiten von 1949 gemahnendes Kaleidoskop farbfreudig stimulierender, nuanciert kontrastierender und tänzerisch strukturierter Splitterflächen, die auch im Franziskanerinnenmutterhaus in Olpe *(Sonnengesang des Franziskus)* ein optisches Gegengewicht zur modernen Formensprache der Architektur bilden. Sie widersetzen sich der Strenge der Raumerfahrung, bleiben ein eigenständig kontemplativer Beitrag zur seelischen Anregung.

Berke führte die Arbeiten direkt in der Werkstatt Derix aus, wohnte dort und experimentierte nebenbei auf kleinen Glasscheiben mit Klebungen farbiger Glasscheibenreste, Ätzungen und farbiger Bemalung – lichtene Spielwiesen einer sinnlich schürfenden Phantasie.[5]

---

[5] weitere Glasarbeiten: 5 Fenster (Lauretanische Litanei) Alfter Nonnenkloster (zw. 1947 u. 57), 3 Fenster in Köln-Rodenkirchen, St. Joseph (1963), 8 Fenster in Olpe, Franziskanerinnenmutterhaus (1967–69), 22 Fenster in der Bonner Stiftskirche (1971–76), 32 Heiligenfigurengläser in Essen-Haarzopf, Christ-König-Kirche (1977), von Tochter Eva Ohlow beendetes Fenster in Gelsenkirchen-Hassel, Friedhofskapelle (1980); Betondallglaswände in Bergkamen/Pelkum, Heim für Jugend- und Erwachsenenbildung (1966), Köln, Bundeswehrbehördenbau Brühler Str. (1966), Gütersloh, Krankenhauskapelle (1967+68), Stuttgart Landeszentralbank (1971, zerstört?), Köln-Porz Privathaus (1971); vgl. Ulrich Bartels: Von und mit Hubert Berke, 2. erw. Aufl. Münster 2008, S. 66–69 m. weiterer Lit.

Hubert Berke, *Entwurfsskizze für ein mögliches Glasfenster im Stil der Bonner Stiftskirche*, (Anfang 1970er Jahre), Aquarell

Ohne Titel (Aktstudie), 1965, Kohle auf Papier, 62 x 48 cm

Ohne Titel (Aktstudie), 1967, Tusche auf Papier, 62 x 48 cm

Aachen – Lehrtätigkeit, Glasmalerei, Mosaik

Glasmosaik im großen Sitzungssaal des Deutschen Arbeitgeberzentrums am Rhein, Köln, ca. 1,6 x 9 m, ausgeführt 1965 von Rainer Flock

Glasmosaik im Foyer des Sammelbaus für Allgemeine Wissenschaften der RWTH Aachen (Templergraben 64), 249 x 337 cm, ausgeführt 1965 von Rainer Flock und Studierenden des von Hubert Berke geleiteten Lehrstuhls für Freihandzeichen und Aquarellieren

Biografie

Hubert Berke (1908–1979) – Leben und Werk

von Richard Kreidler

Im Rodenkirchener Atelier, ca. 1960

Hubert Berke als *Abiturient*,
Bensheim 1930

1908

Hubert Berke wird am 22. Januar in Buer/Westfalen *(heute Gelsenkirchen-Buer)* als Sohn des Kriminal-Inspektors Hubert Berke und seiner Frau Maria, geb. Brockötter, geboren. Hubert Berke ist nach einer Schwester das zweite Kind, ein Bruder und eine Schwester werden folgen. Der Vater wird in der NS-Zeit Juden zur Flucht nach Holland verhelfen. Auch die Tatsache, dass er sich für humane Behandlung von Zwangsarbeitern einsetzte, führen zu seiner Entlassung aus dem Dienst. Der Vater der Familie kommt bei einem Bombenangriff im 2. Weltkrieg ums Leben.

Nach der Volksschule besucht Berke die Klosterschule der Kapuziner in Bocholt/Westfalen sowie ihre Missionsschule in Bensheim/Odenwald, wo er das Abitur 1930 ablegt. Er kommt dort früh mit außereuropäischen Kulturen, insbesondere Chinas und seiner buddhistischen und taoistischen Gedankenwelt, durch die Missionarssammlungen in Berührung. Sie werden ihn lebenslang beschäftigen.

1930–32

Die zeitweilige Absicht, Missionar in China zu werden, wird vom Entschluss zum Studium der alten Sprachen, Philosophie und der Kunstgeschichte *(bei Martin Wackernagel)* an den Universitäten Münster *(bis 1931)* und Königsberg verdrängt. In Münster wirken nachhaltig Vorlesungen bei dem christlichen Existenzphilosophen Peter Wust, in Königsberg bei dem Kunsthistoriker Wilhelm Worringer.

1932

In Königsberg beginnt Berke das Studium der Malerei an der Akademie bei Fritz Burmann (1892–1945), dessen an gemäßigter Neuer Sachlichkeit orientierter Stil ihn wohl nicht befriedigte. Nach Berkes eigener Aussage bildet neben der Kultur Ostasiens »die Größe und Weite der Ostpreussischen Landschaft, besonders der Kurischen Nehrung« das zweite wichtige Erlebnis in jungen Jahren.

1932–33

Fortsetzung des Studiums in Düsseldorf an der Kunstakademie, gleichzeitig Vorlesungen an der Universität Köln. »In dieser Zeit war mein Entschluss gefasst, mich ganz für die Malerei zu entscheiden und zu Paul Klee zu gehen. Er war als Mensch und Künstler der Lehrer, der mir nach meinem Herkommen und meiner Ausrichtung auf die chinesische Gedanken- und Gefühlswelt am meisten lag.« *(aus einem Lebenslauf des Künstlers)* Die vergleichsweise kurze, durch die politischen Ereignisse abgebrochene Studienzeit bei Klee, der zwischen den letzten Bauhausjahren, dem Düsseldorfer Zwischenspiel und der Rückkehr in die Schweiz selbst tiefgreifende Wandlungen vollzieht, genügt, um entscheidende Impulse auszulösen. Die Malerin Petra Petitpierre *(1905–59)* vermittelt in ihren Erinnerungen »Aus der Malklasse von Paul Klee« *(Bern 1957)* ein lebendiges Bild seiner Lehrtätigkeit. Vielleicht hat gerade das erzwungene Ende des Schüler-Lehrerverhältnisses die Eigendynamik Berkes in den nächsten Jahren gesteigert. Sein Schaffen zwischen den frühen 1930er Jahren und Kriegsende stellt sich im Rahmen der zeitbedingten Beengungen stilistisch, inhaltlich und technisch vielfältig dar. Die früh entwickelte Fähigkeit der Kombination verschiedener technischer Möglichkeiten – etwa wenn Monotypien durch Schabeffekte und temperamentvollen Farbauftrag angereichert werden – schafft Grundlagen von Berkes informeller bzw. tachistischer Kunst. Klees ausdrückliche Empfehlung des Naturstudiums als »Conditio sine qua non« führt zu Landschaftsausschnitten, figürlichen Szenen und Porträts, deren sichere Beherrschung auch die Voraussetzung zahlreicher phantastischer bzw. heiter-grotesker Szenerien – meist in Mischtechniken – bildet. Seit der Düsseldorfer Zeit wird Berke auch später nie müde, als Grundlage mannigfaltiger »Figuration«, immer wieder Akte zu zeichnen. In Feder-, Kohle- oder Kreidetechnik entstehen zahlreiche feinfühlige

Selbstporträt auf einer Postkarte,
Königsberg 1931

Biografie

August Preusse (2. v.l.), Brunhilde Hoppe (r.), spätere Ehefrau Berkes, Erlefried Hoppe (2. v.r.), Solingen ca. 1934

Blätter, die in der weiblichen Gestalt, weit über die Anatomie hinaus, spontane, mythische oder poetische Konstellationen und Momente vermitteln. Daneben fallen immer wieder Arbeiten auf, die in einer freien Behandlung der gegenständlichen Angaben zeigen, wie sehr sich Berke damals schon der Abstraktion nähert, die sich in einzelnen Studien kompromisslos verselbständigt.

1933
Mit der Beurlaubung Paul Klees *(21.4.1933)* verlässt Berke die Düsseldorfer Akademie. Den Sommer verbringt der junge Künstler mit anderen Düsseldorfer Studenten und Heinrich Nauen bei Xanten. Zum kleinen Kreis der Düsseldorfer Kleeschüler und Freunde Berkes gehörten u.a. August Preusse *(1908–42)* und Georg Jakob Best *(1903–2003)*. Er lernt in Xanten Brunhilde Hoppe, seine spätere Frau, kennen. Berke hält sich in der Folgezeit, auch im Zuge einzelner Arbeiten, häufig in Köln auf. Zunächst jedoch Rückkehr ins Elternhaus nach Buer/Westfalen, wo er zurückgezogen zeichnet und malt.

1936
Erste Ausstellung im Wallraf-Richartz-Museum, Köln. Otto H. Förster erinnert sich 1948: »Als im Sommer 1936 eine kleine Ausstellung im Wallraf-Richartz-Museum zu Köln Zeichnungen des damals achtundzwanzigjährigen Kölner Malers Hubert Berke zum ersten Male der Öffentlichkeit vorstellte, war das Bild der nachexpressionistischen deutschen Kunst um eine starke Begabung von ausgeprägtem Profil, persönlicher Nuance und unüberhörbarem vollem Klang reicher geworden, Köpfe und Figuren, mit breitem Pinsel in klaren Kontrasten kraftvoll und doch fern jeder Gewaltsamkeit, vielmehr zart und wie im Licht atmend hingesetzt; Kompositionen in fließendem Zuge der Feder aus tief versponnener, von Traumgeheimnis durchgeisterter Erzählerlust; frei strömende Farbe in sicher beherrschter Ökonomie … Aber Berke ist von Routine und virtuoser Brillanz ebenso fern wie von modischen Konventionen und Spekulationen. Ein stiller Mensch, allem Auffälligen abgewandt, verkörpert er in seinem Wesen wie in seinem Schaffen jene Bescheidenheit, die Ausdruck eines sicheren Selbstbewusstseins, eines dankbaren Wissens um reich quellende innere Kräfte und des ruhigen Vertrauens in eine höhere Führung ist.« *(aus: Der Standpunkt 1948, H. 1–2, S. 25 ff.)*

1937
Berkes Entschluss, endgültig nach Köln zu übersiedeln, erfolgte auch in der Hoffnung, in der vergleichsweise freieren Atmosphäre dieser Stadt während der NS-Zeit durch Auftragsarbeiten wie Buchillustrationen und Drucksachen Existenzmöglichkeiten zu finden. Verheiratung mit Brunhilde Hoppe. Der Ehe entstammen die Tochter Eva *(1940)*, die Söhne Michael *(1947)* und Hubert *(1949)*. Atelier und Domizil in der »Faßbenderkaul« *(Arnoldshöhe, Köln-Süd)*. Aufenthalt in Paris anlässlich der Weltausstellung. Die vom Oberbürgermeister der »Hansestadt Köln« für die Weltausstellung herausgegebene aufwändige Bild-Broschüre »Köln am Rhein« enthält zahlreiche Illustrationen und Vignetten von Berke, dem auch die »künstlerische Beratung« zukommt. Ein heiter-grotesker Figurinenreigen zum Karneval darf nicht fehlen. Die redaktionelle Gestaltung der inhaltlich auffallend diskreten Schrift übernehmen Dr. Toni Feldenkirchen und Irma Brandes-Fiebig. – In den Jahren der Unfreiheit und begrenzter Möglichkeiten der Lektüre moderner Literatur bieten die Romane Charles de Costers und H. J. Christoph von Grimmelshausen Ansätze der Verarbeitung der Gewalttätigkeiten und Zynismen, die zu zahlreichen illustrationenartigen Zeichnungen führen. Der »Uhlenspiegel« ist eine Art »Leitbuch« für Berke geworden. Als Außenseiter, Freiheitskämpfer, vorgeblich Täuschender, auch »Sucher« wird er zum Sinnbild für die Existenz des Künstlers in Zeiten von Willkür und Gewalt. Nach den vorbereitenden, eher spielerischen Phantasmagorien im Stil der »ironisierten Weltpuppenbühne-Heldengalerie« *(Laszlo Glozer)*, die teilweise an Klee orientiert waren, bilden ferner seit der Mitte der 1930er Jahre vermehrt Dämonen-, Hexen- und Versuchungsszenen einen wichtigen Bestandteil der Bilderwelt Berkes.

Hubert und Brunhilde Berke, auf dem Balkon der Mansardenwohnung in Köln (Ehrenstraße)

Zur Ausstellung Berkes in der Galerie Ferdinand Moeller Berlin schreibt Will Grohmann: »Phantasie, nicht nur in der Vorstellung und Erfindung, sondern im Zeichnerischen und Graphischen selbst, ist ein verhältnismäßig seltener Fall. Der innere Reichtum Berkes ist groß. Mir scheint, dass in ihm einer unserer Begabtesten herangewachsen ist.« *(1937)*

1938

Eine deprimierende Wiederbegegnung mit Werken Paul Klees erfolgt anlässlich Berkes Besuch der Ausstellung »Entartete Kunst«, die vom 18.6.–7.8.1938 auch in Düsseldorf (Kunstpalast) gezeigt wird. Sicher hat Berke dort auch die Ausstellung »Entartete Musik« zur Kenntnis genommen. Jazz, Negro Spirituals und außereuropäische Musik hatten ihn – neben der Freude an klassischer Musik, die in der Rodenkirchener Zeit (s. u.) auch in Hauskonzerten zu hören war – zeitlebens fasziniert und in den 1950er Jahren zu umfangreichen Werkgruppen angeregt.

1939

Der Kölnische Kunstverein zeigt Werke Berkes: »Die gemäßigte deutsche Moderne hatte eine marginale Chance. Dass dafür Menschen ihren Arbeitsplatz, ihre Existenz riskierten, sollte nicht gering geachtet werden.« *(Paul Gerlach: Moralität und Konflikte im Kölnischen Kunstverein, in: Die Moderne im Rheinland, Köln 1994, S. 439 ff)*

1940

Stipendium der Stadt Köln. Studienreise nach Regensburg und Passau. Besuch bei Alfred Kubin in Zwickledt. Berke fühlt sich der Kunst Kubins, seiner Vorstellungswelt, die um »die andere Seite« der menschlichen Existenz kreist, besonders verwandt. Kubin bereitet die Publikation seines 1941 erschienenen Buches »Abenteuer einer Zeichenfeder« *(in Berkes Nachlass)* vor. Wie bei Kubin bilden »Totentänze« ein wichtiges Motiv in Berkes Kunst der 1930er und 1940er Jahre.

1941

Einberufung in den Militärdienst, den der Künstler zeitweise in Wesel, wo er Kasernenräume ausmalen darf, absolviert.

1942

Berke kann trotz der Ungunst der Zeitverhältnisse verschiedentlich ausstellen, so 1942 auf der Kunstvereins-Ausstellung »Kölner Zeichner« *(u. a. mit Flecken, Fassbender, Lindgens, Mense, Ronig, Schwippert, Trier, Vordemberge),* deren Faltblatt ein Kindermotiv Berkes zeigt.

Berke ist auch auf der großen Ausstellung im Kölnischen Kunstverein »Der deutsche Westen« vertreten. – Eine handschriftliche Liste Berkes *(im Nachlass)* nennt zahlreiche, verloren gegangene Mutter-, Kind-, Blumen- und Puppenbilder, die 1943 in Berlin durch Initiative von Will Grohmann im »Kunstdienst« ausgestellt werden.

Hubert Berke als Soldat (2. v. r.), Wesel 1941

Biografie

Im Faßbenderkaul, Köln 1937

Im *Alfterer Atelier*,
Foto: Chargesheimer, ca. 1950

1943
Anlässlich der Ausstellung »Junge Kunst im Deutschen Reich« (Künstlerhaus) besucht Berke Wien und zeichnet in der Stadt und in Schönbrunn. »Es sind achtbare Namen dabei, die nach dem Kriegsende guten Klang bekamen: Hubert Berke, Friedrich Vordemberge, Toni Stadler, Gustav Seitz, Kurt Schwippert ...« *(R. Müller-Mehlis)* – Im selben Jahr ist Berke unter 130 Künstlern auch auf der »Kölner Jahresschau 1943« im Kölnischen Kunstverein vertreten.

1945
Versetzung zu einer Panzereinheit. Berke erlebt das Kriegsende in Gummersbach. Kriegsgefangenschaft im Gefangenenlager in Sinzig/Rhein.

Berke behält über die ersten Jahre nach dem Krieg hinaus das Sensorium für die rasch nachwachsenden Grotesken und Torheiten. Der wieder auferstandene »Uhlenspiegel« zieht durch zerstörte Städte. Auf zahlreichen Blättern nach 1945 experimentiert Berke mit dem Formenrepertoire des Unheimlichen. Linienbündel, Strahlen, Deformation, Gestaltauflösung, ebenso sperrige Geometrisierung werden zugunsten expressiver Bildwirkung eingesetzt. Wie bei anderen deutschen Künstlern wird sich bei Berke hier eine wichtige Quelle seiner Abstraktion, aber auch zeitweiliger Nähe zum Surrealismus, ergeben. Im Themenkreis »Schönheitskonkurrenz« *(ab 1946)*, der Berke noch lange beschäftigen wird, persifliert er dementsprechend ein damals junges Phänomen mittels phantasievoller »Deformationen«. Neben neuem Ungeist und Existenznot bedrängen nach dem Zusammenbruch Formprobleme. Im Geiste der zeitweiligen Entscheidung für den Kubismus und angesichts einer »kubistisch« anmutenden Deformation der Umwelt entsteht nach 1945/46 eine größere Zahl von Arbeiten, in denen abstrahierende Vereinfachung und der Umgang mit zersplitterten, flächigen oder kantigen Formfragmenten folgerichtig zum Mittel der Verarbeitung äußerer und innerer Erfahrungen werden: »Trümmerstil«, von dem sich Berke aber zusehends distanziert. Die Zeichnung »Denkmal für einen Spätkubisten« spiegelt ironisch die Ambivalenz der stilistischen Möglichkeiten. So macht Berke zwischen 1945 und 1949 eine Gruppe von Monotypien, die die Loslösung von der Trümmer-, Dämonen- und Figurinen-Ikonographie zugunsten weitgehend eigenständiger, einander durchdringender und überlagernder Farbflächengebilde in »polyphoner Schichtung« *(Klee)* verfolgt.

1946
Da Berkes Kölner Domizil zerstört ist, zieht die Familie ins Vorgebirge nach Alfter. Leben und Schaffen behaupten sich unter bescheidenen Umständen. Berke wird eine der tragenden Persönlichkeiten der sog. »Alfterer Donnerstag-Gesellschaft«, die ab Herbst 1946 bald vielbesuchte kulturelle Veranstaltungen anbietet: »Dass es überhaupt Kunst gab, hatten wir vergessen« *(Anna Klapheck)*. Dichter wie Rudolf Hagelstange, Künstler *(Hann Trier, Joseph Faßbender)*, Kunsthistoriker wie Werner Haftmann, Hermann Schnitzler und Toni Feldenkirchen aus Köln sowie Musiker wie der Cellist Ludwig Hoelscher und die Pianistin Tiny Wirtz machen wieder mit einer missachteten Moderne vertraut. Berke gestaltet die Einladungskarte zum »Tag Der Abstrakten Kunst In Alfter« am 20. Juli, der mit »einer Ausstellung abstrakter Malerei« verbunden ist.

1948
Berke erhält den Corneliuspreis der Stadt Düsseldorf. Begründung des Preisgerichts: »Der vierzigjährige Maler Hubert Berke erhält den Preis, weil die Preisrichter in diesem früheren Schüler Paul Klees einen Künstler sehen, der jetzt schon für eine ganze Generation von jungen Malern als richtunggebend anerkannt ist. Mit Farbe und Form in edler und freier

Weise spielend, dabei aber immer wieder auf die Natur zurückgreifend, gelingen Berke Bilder, die von einer schönen Sinnlichkeit strahlend erfüllt, den Geist und das Gesetz der Welt, wie sie Berke erkennt, überzeugend und eindeutig ausdrücken. Die eingesandten Arbeiten sind nur zufällige Beispiele aus dem ungemein reichen Schaffen Berkes, das immer wieder zwischen Perioden freier Schöpfung und solchen mehr realistischer Aufnahme pendelt.

Die Preisrichter erhoffen von Berkes Weiterentwicklung in noch unbekannte Gebiete des Schaubaren ebensoviel, wie ihnen sein schon fertiges Werk bedeutet.« *(Faltblatt zur Ausstellung »Hubert Berke«, Kölnischer Kunstverein 1949)*

In der Folgezeit wird Berke Mitglied der Gruppe »junger westen«, des »Deutschen Künstlerbundes«, des »Westdeutschen Künstlerbundes«, der »Neuen Rheinischen Sezession«, der Münchner »Neuen Gruppe«. Er ist im aufblühenden Ausstellungswesen häufig mit neuen Arbeiten vertreten.

1950

Preis »junger westen« der Stadt Recklinghausen.

Zwischen 1946 und 1949 malt Berke zahlreiche farbig kraftvolle Gouachen *(ohne Titel)* und Ölbilder, in denen sich impulsive schwarze und farbige Pinselzüge als Strahlen, Kreise, Segmente, Kurvenfragmente verselbständigen und darüber hinaus streifen- und fleckenartigen Charakter annehmen können. Die oft kürzelhaft eingesetzten oder abrupt abbrechenden Balken- und Bogenlinien im Zusammenspiel mit den Farbflächen haben sich in den späten 1940er Jahren zu Trägern rein bildenergetischer Kräfte entwickelt. Die Ölbilder um 1949 stellen sicher einen ersten Höhepunkt der Malerei Berkes beim »Sturzflug in Richtung Abstraktion« dar. *(Toni Feldenkirchen)*

1951

Berke ist als Mitglied der Gruppe ZEN auf deren Ausstellungen vertreten.

In Berkes Entwicklung ist das Schaffen aus dem Geist des Fernen Ostens in künstlerischer und gedanklicher Hinsicht schon seit der Vorkriegszeit gründlich vorbereitet und bedarf kaum des Anstoßes durch die Gruppe oder entsprechende Zeittendenzen. Malerei und Kalligraphie des japanischen Zen-Buddhismus, »Zenga«, dessen alleinige Konzentration auf Schwarz und ihr geistiger Hintergrund hatten bei Berke seit den späten vierziger Jahren entscheidend zur Auslösung zentraler schöpferischer Kräfte und zur Entwicklung seiner Formensprache zwischen »Lyrischer Abstraktion«, »Informel« und »Tachismus« beigetragen. Berke konnte so seinen gewiss kraftvollen Stil geometrischer Flächen leicht überwinden. Dem Schwarz der Tusch-Pinselmalerei und den Methoden ihres Auftrags kommt dabei besondere Bedeutung zu, wie schon 1946 das Blatt »Aktiver Schmerz I« und 1949 die »Szenerie mit Schwarz« gleichsam programmatisch belegen. Das neue Verhältnis zur dynamischen Pinsellinie und ihren Übergängen zum Fleck und zufälligen Formen hat gleichzeitig Berkes Verhältnis zur Farbe entscheidend verändert. Neben »Zenga« wirken auch andere Richtungen und Epochen der chinesischen und japanischen Malerei und Kalligraphie immer wieder auf ihn ein. In den 1960er und 1970er Jahren entwickelt Berke in seiner Kunst eine endgültige Synthese fernöstlicher und westlicher Formvorstellungen. Daneben sucht Berke die Begegnung mit der fernöstlichen Welt auch als Sammler und Kenner. Daraus ergeben sich enge Kontakte besonders zum Kölner Museum für Ostasiatische Kunst unter den Direktoren Werner Speiser *(1951–65)* und Roger Goepper *(ab 1965)*, der Kustodin Edith Dittrich und zum Rautenstrauch-Joest-Museum für Völkerkunde. Berke lässt kaum eine Ausstellung der Museen unbesucht. Nicht zuletzt ist der hohe Grad schöpferischer Einfühlung in den Osten auch ein Ergebnis kunstgeschichtlicher Bildung, die sich in einer reichen Bibliothek entsprechender Spezialwerke niederschlägt. Berke ist zu den großen »Künstlersammlern« des 20. Jahrhunderts zu zählen. Mit Kennerschaft erworbene Textilien, Skulpturen, Metallarbeiten und Keramiken werden ihn später in seinem Atelierhaus umgeben.

1951

Berke nimmt an der »Ersten Ausstellung 1. August – 1. Oktober 1951« des »Deutschen Künstlerbundes von 1950« in den Räumen der Hochschule für Bildende Künste in Berlin teil. Berke wird sich später regelmäßig an den Jahresausstellungen des »Westdeutschen Künstlerbundes« beteiligen.

1952

Reise nach Spanien und Nordafrika. Aufenthalt in Paris. Zahlreiche Reiseskizzen. Berke erhält einen 2. Preis des Wettbewerbs »Eisen und Stahl«, Düsseldorf, der mit einer großen »Kunstausstellung« im dortigen Kunstmuseum verbunden ist. Der erste deutsche Bundespräsident, Theodor Heuss, schreibt im Vorwort des Katalogs: »Den Kunstfreund muss das Unterfangen als solches freuen, weil es eine Verbindung schaffen soll zwischen den wirtschaftenden und künstlerisch schöpfenden Menschen«. *(Aus dem Katalog)*

Zur Verselbständigung formimmanenter Kräfte der Kunst Berkes im Sinn der Abstraktion haben, abgesehen vom »kalligraphischen Impuls« *(Mark Tobey)*, seit den späten 1940er Jahren auch die Energien beigetragen, die Berke in der wiederaufblühenden Industrie pulsieren sieht. Motivation zu diesen Themenkreisen bietet auch seine Herkunft aus dem westfälischen Industriegebiet. Die Umsetzung von »Industrieformen« und »Technischem« – beides Bildtitel – erfolgt vorbehaltlos als neue Aufgabe der Kunst. Berke malt bis in die sechziger Jahre zahlreiche, auch realistische Bilder und Illustrationen – teilweise im Auftrag – die dem Bergbau, Maschinen, Architektur und Verkehrswegen vor allem im Ruhrgebiet gelten. Rotierende Maschinenelemente und die Weiterleitung ihrer Kräfte über Bänder u. ä. führen zu abstrakten Arbeiten, in denen bewegte Rundscheiben und zentrifugale Dynamik als explosive Bildereignisse in Konstruktionsgerüsten beherrschend werden. Diese Kompositionen nähern sich in ihrem »metallischen«, farbig-akustischen Charakter teilweise den vitalen Äußerungen der »Jazz-Serie«.

In Berkes 1952 begonnenen Werkgruppen »Jazz« bzw. »Negro Spirituals« *(Gouachen, Ölbilder)* teilen sich unmittelbar durch den Formcharakter eruptive wie verhaltene Klanggebilde mit. Diese selbstbewussten Analogien sind das Ergebnis seines begeisterten Anhörens von Jazz, Blues und Negro Spirituals. In den meisten Blättern der »Jazz-Serie« bleibt die Spannung zwischen größeren Farbflächen, Einzeltupfen und Linienzügen oft dissonant und unaufgehoben, brechen Abläufe ab, »übertönen« einzelne Formbereiche in ihrer Härte stillere Ausdruckslagen. Abgesehen von realistischen Rudimenten *(Klangöffnungen, Tastaturteile)* schafft Berke abstrakte Äquivalente zu einem musikalischen Bereich, der nach den Verdikten der »Negermusik« durch das NS-Regime wieder begeistert Aufnahme findet.

1953

Berke wird neben Willi Baumeister, Julius Bissier, Willi Geiger, Karl Hartung, Georg Meistermann, Otto Ritschl, Hans Uhlmann, Fritz Winter u. a. in einem ausführlichen Gesamtüberblick über die aktuelle abstrakte Kunst in Deutschland, den die August-Nummer der französischen Kunstzeitschrift »Art d'Aujourd'hui« bringt, mit zwei Werken und einer Charakteristik durch Gerd Schiff vorgestellt.

1954

Berke beginnt mit dem Bau von Nagelskulpturen und Assemblagen, denen später kinetische Objekte folgen. Ihre Titel verraten ironische Zeitkritik: »Der Dank des Vaterlands ist Euch gewiss«, »Ehrenfriedhof für Städteplaner«, »Drei Etagen Schöner Wohnen«, »Schneewittchens Sexter war ein Troubadour«. Zu den Nagelobjekten, die von afrikanischer Kunst inspiriert sind, schreibt Eduard Trier: »Verharren wir einen Augenblick bei den ›Experimenten‹ als den jüngsten Sprößlingen seiner quicklebendigen Imagination: den plastischen Objekten, die von Berke auch ›Nagelplantagen‹ genannt werden und überaus köstliche, witzige und dabei belangvolle ›objets d'art‹ sind, Beweise für die unerschöpfliche Erfindungsgabe Berkes ... Aber die hängenden oder stehenden Nagelobjekte sind keineswegs nur Spielerei, obwohl Berke den künstlerischen homo ludens par excellence verkörpert; sie sind auch notwendig wie alle Malerplastik, für die es im 20. Jahrhundert eine erlauchte Ahnenreihe bis zu Klee, Matisse und Picasso gibt ...« *(Ausstellungskatalog Kölnischer Kunstverein »Hubert Berke« 1971)*

1955

Berke ist auf der Ausstellung der Gruppe ZEN, die in Köln und München gezeigt wird, vertreten. Gottfried Sello schreibt: »ZEN 49 vereinigt eine Elite gegenstandsloser deutscher Künstler: Baumeister, Berke, Bissier, Cavael, Nay, Werner, Winter.«

1956

Ab 1956/57 greift Berke nach der sich immer freier gebärdenden Behandlung von farbigen Pinselstrichen, Flecken und fließenden Streifen als Ergebnis der Beschäftigung mit der fernöstlichen Tuschmalerei wieder stärker auf das Nervensystem der labyrinthische Verhäkelung und Verästelung ermöglichenden Federzeichnung zurück. Hierdurch werden Grenzen und Sonderformen seines »Tachismus« deutlich.

1957

Übersiedlung von Alfter nach Rodenkirchen bei Köln. Wachsende Anerkennung, das kulturelle Aufblühen Kölns und die beengten Wohn- und Arbeitsverhältnisse in der Vorgebirgsgemeinde veranlassen Berke zum Bau eines großzügigen Wohn- und Atelierhauses am Rand des damals noch selbständigen, von mancherlei Prominenz bewohnten Ortes. Das zweistöckige Haus im Flachdachstil öffnet sich mit großen Fenstern auf einen mit alten Kiefern, Kirsch- und Faulbaum,

Atelierhaus in Köln-Rodenkirchen

später auch üppigen Bambusbüschen bewachsenen Garten, der Erinnerungen an ostasiatische Naturszenerien erweckt.

Anlässlich der Bundesgartenschau in Köln zeichnet Berke farbige Illustrationen für die vom Städtischen Verkehrsamt herausgegebene Zeitschrift »Köln« (Heft 1/1957). In den beiden nächsten Jahrzehnten wird Berke immer wieder Illustrationen und Cover-Entwürfe dieses kultivierten Periodikums schaffen. Seine Arbeiten für die Stadt Köln folgen seit der Vorkriegszeit dem damals schon von Dr. Toni Feldenkirchen vertretenen »artistischen Werbeprinzip«, das Berke mit leichter Hand erfüllt. – Von vielen Einzelstudien nach Kölner Motiven, die noch nicht publiziert sind, seien hier nur verschiedene Blätter genannt, die den Zerstörungsphasen der romanischen Kirche St. Maria im Kapitol gelten *(im Nachlass)*.

1958/1960

Im Auftrag des Generaldirektors der Städtischen Bühnen Köln, Oskar Fritz Schuh, macht Berke Bühnenbild- und Kostümentwürfe in Zusammenarbeit mit dem Choreographen Aurel von Milloss für »Gezeiten«, »Pulcinella« nach Strawinsky. Premiere im Opernhaus Januar 1960.

1959

Teilnahme an der II. documenta in Kassel. Berke ist mit den Ölbildern »Aufstieg« *(1952)*, »Rote Passage« *(1958)* und »Schmerz« *(1958)* sowie der Serie »Zehn Holzschnitte« *(1947)* und vier Holzschnitten zu J. P. Sartres »Fliegen« *(1948)* vertreten.

In der Ölmalerei erreicht Berke zwischen den späten 1950er und den frühen 1960er Jahren einen Höhepunkt seines Schaffens. Es entspricht »dem Pathos der fünfziger Jahre, das auf eindeutiger progressiver Haltung und existenziellem Ernst bestand« *(E. Beaucamp)*. Der Charakter der Leinwandbilder hat sich gegenüber 1947/50 vollkommen verändert. Die tachistischen und informellen Stilmittel finden ihre volle Anwendung. Hauptkennzeichen der Ölbilder dieser Jahre sind jedoch starke Wirkungen, die von zwei teilweise miteinander verbundenen »informellen« Techniken ausgehen. Im Fließenlassen entstehen »automatisch« Farbformen. Die dünne Farbhaut wird mittels Schab- und Kratzeffekten, die Berke schon um 1945 kannte, durch »Grattage«, reichlichst belebt. Beim »Fließen« können überdies in der Verdünnung der Farben manche Wirkungen der Aquarellmalerei und der Tuschlavierung bis zu einem gewissen Grade nachvollzogen werden. Einige Werke wollen über die naturhaften bzw. graphisch-motorischen Impulse hinaus vorrangig psychische Regungen ausdrücken: In der auf der II. documenta ausgestellten Arbeit »Schmerz« *(1958)* bündeln sich Schablinien und pastose Striche dornig-verletzend zu einem kronenhaften Gebilde, das auf stelzenartige, lange Kratzer gestellt ist.

Mit Katze spielend, Atelierhaus Köln-Rodenkirchen, ca. 1960

1960

Professur am Lehrstuhl für »Freihandzeichnen und Aquarellieren« an der Rheinisch-Westfälischen Technischen Hochschule Aachen *(ab 1971 Umbenennung in Lehrstuhl für »Bildnerische Gestaltung«)*. Er wird Nachfolger von Anton Wendling. Emeritierung 1973. – Sommeraufenthalt auf Sylt.

Die umfangreiche Werkgruppe »Sylt« *(1960–63)* ist das Ergebnis verschiedener Aufenthalte auf der Nordseeinsel *(1960/61)*. In der Erinnerung werden die landschaftlichen Eindrücke und tageszeitlichen Stimmungen in einem dritten Zustand aufgehoben, der den Gegensatz zwischen Bildfläche und perspektivischem Bildraum zunichte macht: »Inselmomente«. In einem Interview 1962 äußert sich Berke über die Aufenthalte an der Küste und ihre Verarbeitung: »Intensives Erleben einer Reise vermag eine genaue in der Arbeit ablesbare Zäsur zu schaffen ... Das Erlebnis ist vor der Natur, aber die Gestaltung ist fern, unabhängig von der Natur. Das Erleben wird umgesetzt durch Komponieren, kritisches Auslassen, Dazunehmen von bestimmten Formen und Formationen.« *(In: Diplomatischer Kurier, 11. Jg., H. 11, 1962)*

Berke bedient sich souverän in vielen Kombinationen und Variationen des Instrumentariums, das er im letzten Jahrzehnt zur Reife gebracht hatte. Die gestische Lockerung und zeichnerische Improvisation, der freie Umgang mit regelmäßig gleitenden oder zerrissenen Farb- und Tonflächen werden nun nicht mehr vorrangig als Verwirklichungen eines innerlich und äußerlich befreiten Selbst angesehen, sondern in den Dienst der Fortführung und Fortschreibung einer »Unendlichen Naturgeschichte« gestellt.

Um 1963 deutet sich in der »Sylt-Serie« durch gleichmäßiges Aneinanderreihen einzelner Formen und Flecken Distanz vom naturhaft-zufälligen Verteilen der flächigen Bildelemente und dem Dahintreiben verwehter Linien an. Von Berke später freilich nie mechanisch gehandhabte »serielle« Strukturen kündigen sich an.

1961

Berke erhält am 21.6. den »Kunstpreis der Stadt Köln«. Eine Ausstellung im Kölnischen Kunstverein gibt eine breite Werkübersicht zum Schaffen der letzten Jahre. – Aufenthalt in Rom. Ferien auf Sylt.

Mit der »Sylt-Serie« beginnen die großen landschaftlichen und kulturhistorischen Zyklen *(Syrien, Kreta, Holland, Herculaneum)*, die zum Spätwerk Berkes führen und einen vorrangigen Platz in seiner Arbeit über beinahe zwei Jahrzehnte einnehmen. In steigendem Maße sind diese zahlenmäßig umfangreichen Blattfolgen durch eine besondere Form der Objektivierung, die Naturvorgänge und Geschichte im Ich sammelt und verwandelt, zu umschreiben. Gleichzeitig werden »Spuren« und »Reste« – Realität verschiedenen Charakters – für den Schaffensprozess ausschlaggebend.

Auf dem Wege von Sylt nach Herculaneum reichert Berke seine Bilderwelt sorgsam mit »Gegenstandszeichen« *(W. Haftmann)*, gleichsam »objets trouvés« aus Landschaften und Feldern der Geschichte, an: »Spurensicherung« durch Malerei und Zeichnung. Sand, Scherben, Fresko, Mosaik und moderner Schiffsauswurf treten im Verarbeitungsprozess gleichwertig nebeneinander, gewinnen Gestalt im Grade ihrer Auflösung und malerischen Verwandlung.

Zu den Reise-Serien Sylt, Syrien, Kreta, Provence, Holland und Herculaneum sagte Berke selbst: »Man tritt durch die Formen der Natur hindurch in den großen Bereich der geistigen Formenwelt. Der Mensch hat die Natur nicht verlassen, er kann es gar nicht, er gehört als ein Teil zu ihr. Und alle Formen, die der Mensch erdenken kann, auch die abstrakten, sind latent in der Natur vorhanden. Man muss sie nur zu finden wissen ... Man kann sie aber im eigenen Seelen- und Geistesbereich zu einer neuen Einheit, zu einem Ausdruckswert zusammenführen, zu einer Einheit, die eigen ist. So, wie man Musik machen kann, wobei die Töne schon vorhanden sind; wie man Lyrik machen kann, wobei die Worte schon im Wörterbuch stehen. Man muss nur selber komponieren, eine geistige Disziplin haben und halten ...« *(Hubert Berke 1962)*

Mit Beginn der 1960er Jahre wird sowohl durch die »Figurinen der Vorhölle« *(ab 1961)*, die »KZ-Serie« *(ab 1963)*, »Biafra« *(ab 1967)*, verwandte Einzelarbeiten und die entsprechenden Fassungen dieser Themen in Öl einschließlich kritisch-phantastischer »Porträts« sichtbar, dass das Figurenbild Berke – analog durchaus zu gleichzeitigen nachinformellen Entwicklungen in Westdeutschland – neben den großen landschaftlichen und kulturgeschichtlichen Zyklen nachhaltig in Anspruch nimmt. Auslösend wirken dabei neue menschliche Nöte in der Welt, besonders jedoch die großen NS-Prozess-Serien und die breiten geschichts- und gesellschaftskritischen Diskussionen der 1960er Jahre. Nicht zuletzt sind die bekenntnishaften und appellierenden Arbeiten Berkes auch als Antwort auf eine sich stärker abzeichnende »Politisierung« der Kunst seit der Mitte des Jahrzehnts und die Fragen einer jungen Generation zu werten. Berke setzt seine durch die Tuschkunst Ostasiens ausgereifte malerische Methode und eine sich immer wieder erneuernde Liniensprache zur Bewältigung humaner und politischer Problematik und von neuem bedrängender innerer und äußerer Bilder ein. Die Fleckenlandschaften werden in Gefilde des Grauens, gleichsam im Rückblick auf spätmittelalterliche Kunst in moderne »Erbärmdebilder« verwandelt. »Das informelle Prinzip ist nicht länger Selbstzweck. Es ist Ausgangspunkt neuer moralischer Verpflichtungen und künstlerischer Gebote geworden.« *(Rolf Wedewer)* Die »Hängenden« *(1964)*, eindruckvollste Gruppe in Berkes Bilderkreis moderner Martyrien, umfasst ausgemergelte Einzelgestalten, Zweier- und Dreiergruppen in Dreiviertelansicht, die durch horizontal oder vertikal gezerrte Arme und Beine in die Bildfläche gespannt sind. Einige geschundene Leiber werden von breiten, kreuzartigen Flächen hinterfangen: »crucifixus dolorosus« im KZ.

1962

Berke erhält den Karl-Ernst-Osthaus-Preis der Stadt Hagen und den Conrad-von-Soest-Preis, Münster. Ausstellung im Westfälischen Landesmuseum. – Reise in die Peloponnes mit Studenten der Technischen Hochschule Aachen.

Die beiden letzten Dezennien Berkes, an deren Beginn besondere Anerkennungen stehen, zeigen eine differenzierte Einheitlichkeit, entfalten Reichtum und Überzeugungskraft in Einzelwerken und in den großen Themengruppen, gerade auch in ihren Übergängen. Ein Werkkomplex wächst gedanklich und formal aus dem anderen hervor. Nach der Auseinandersetzung mit der Objektkunst siegt das Vertrauen auf die Mittel der Malerei, vor allem des Aquarells und der Gouache unter Verwendung von Tusche und Feder, mitunter auch Stiften. Das auf diese Weise Erprobte findet Anwendung in teils großformatigen Ölbildern, die in einigen Fällen als »Leinwandzeichnungen« zu charakterisieren wären. Doch »die zarte Haut des Papiers« *(Berke 1961)* und die ihm angemessenen Techniken bleiben bevorzugtes Medium. Ein bei Berke hoch entwickelter Sinn für Material-, Ding- und Oberflächenqualität und ihre Sinnesanreize, an alter Bronze,

Keramik, Stoff und vielen Naturgebilden geübt, hebt den Bogen weit über die Funktion, nur Bildträger zu sein, hinaus. Diese besondere Sorgfalt gegenüber der Bildmaterie wird sicher auch durch zeitgenössische Materialkunst und Collage, die Berke sehr diskret verwendet, unterstützt. »Mechanische« Veränderungen der Blattsubstanz (punktförmige Durchlöcherung, Schnitte, Risse) werden durch Pinselzug und Farbfluss entschärft.

Friedrich Gerke, der Mainzer Ordinarius für Kunstgeschichte, verfasst auf der Grundlage enger persönlicher Kontakte eine erste ausführliche Würdigung und Dokumentation von Berkes Schaffen seit 1932 anlässlich einer Ausstellung des Kunstgeschichtlichen Institutes der Universität Mainz. Berke illustriert später eine bibliophile Ausgabe des »Sonettenkranz«, den Gerke über »Sirmione«, seine antike Vergangenheit und Landschaft, geschrieben hatte.

»Unübersehbar ist sein Werk deshalb, weil Hubert Berke nicht einer von vielen, sondern ›viele‹ ist und in sich trägt, was sonst viele Stile prägt. Hier liegt das Geheimnis seiner Unerschöpflichkeit, die in der Reinheit, Vielfalt und Einheit seines künstlerischen Bewusstseins ihren Quellort hat. Er ist als Künstler nicht bereit, das höchste Gut zu opfern, das ihm gegeben ist, die Freiheit der Erfindung.« *(Friedrich Gerke)*

1963

Die vielleicht dichtesten Ergebnisse seiner Entwicklung in den 1950er Jahren und gleichzeitig Beispiele des Übergangs zum Stil bis 1963 werden von Berke in Zusammenarbeit mit dem damals in Köln ansässigen Kunstverlag Czwicklitzer in drei verschiedenen Mappen »Zenga« zusammengestellt; ein Exemplar befindet sich in der Grafischen Sammlung Ludwig in Köln. Diese ausgewählten Blätter bilden eine Summe seiner Bemühungen um den Geist des Zen – verbunden mit einem diesem unbekannten Reichtum der Farbe. Sperrige, gratige Einzellinien, lose oder verdichtete Liniengefüge, die teilweise in Rinnsalen und Klecksen zergehen, durchdringen, oft ader- oder wurzelartig, die vielschichtig sich überlagernden und ineinanderfließenden Tusch-Farbzonen. Linien und wenige kalligraphische Einsprengsel versickern. Farbe und Linie bilden nun eine organische, undialektische Einheit, ohne ihren Charakter zu verleugnen. Berke hat den Kassetten eine handschriftliche Vorrede beigegeben, sein wohl tiefstes Selbstzeugnis:

> »Das Nächste und das Fernste zugleich
> und ganz außer der Zeit
> Ganz geschmeidig und ganz dicht: Tao
> Drehpunkt, um den sich alles bewegt,
> der allein stille steht.
> Schwerpunkt von Allem ohne Gewicht;

Auf ihn zielt alles, aber nie getroffen ist es die
Mitte des ewigen Grau, in dem alle Farbe ruht.
Aufgehoben die Polarität und Dualität
Von Schwarz und Weiß, Licht und Dunkelheit,
die Trinität von Blau, Rot und Gelb.
Alles in Einem, Eins im Allem:
Zen, unsichtbar klein, unausdenkbar groß,
Ankunft und Vollkommenheit.
Jeder Pinselstrich auf ihn hingeschrieben,
bleibt für alle Zeit unauslöschlich stehen,
klarer Bambus im Geäst von Sternenbahnen.
Diese Landschaft, fast ein Nichts auf dem Papier,
steht für alle Landschaften der Welt.
Sechs Dattelpflaumen von Mu Hsi, in gelassener
Ordnung, spiegeln dunkle Teiche des Himmels
wider, einträchtige Wesenheiten,
die Güte ausstrahlen.

Zenga, Zeichen für die Adepten der Leere, Symbole
für, ›die zehntausend Dinge‹, gesehen durch das tiefe
Grau, die große Leere, das Herz des Ewigen.«

1963

Eine im September des Jahres unter teilweise abenteuerlichen Umständen durchgeführte Syrien-Reise regt zu der umfangreichen und sich über Jahre hinziehenden Werkgruppe »Syrien« an. Die unmittelbare Berührung mit der Wüste in ihren vielen Erscheinungsformen und die antiken Hinterlassenschaften beeindrucken Berke nachhaltig. Die Syrien-Reise wird für ihn zum »Orient-Erlebnis« schlechthin. Neben der Wüstennatur und dem Sternenhimmel sind es gerade die ungewöhnlichen Formen der Begegnung mit Geschichte, weniger angesichts der gut erhaltenen großen Stadt- und Palastanlagen verschiedener Phasen des Altertums, sondern oft unscheinbare »Reste« und Spuren einer versunkenen Welt. Unheimlich bizarre, unheroische Aspekte der Wüstenvisionen knüpfen sich an die Gestalt Alexanders des Großen. Bei ihrer künstlerischen Umsetzung lässt sich Berke durch die Lektüre von Arno Schmidts Text- und Szenenmontage »Alexander oder was ist Wahrheit?« leiten. Aus ihrem Geist entstehen innerhalb der »Syrien-Serie« die Werkgruppen »Alexanderzüge«, »Lager«, »Reste«, »Grotesken«, die in mannigfaltigen Ausprägungen auch figürliche Elemente enthalten.

1965

Das neue, von dem Kölner Architekten Paul Doetsch errichtete Gebäude der »Bundesvereinigung Deutscher Arbeitgeberverbände«, Gustav-Heinemann-Ufer 72, Köln, nimmt Betonglasfenster und ein Glasmosaik von Berke auf. Die Fenster konnten nach Abriss 2007 für den Nachlass Berke

Mit dem chinesischen Maler *Chang Dai-Chien* (1899–1983) im Garten des Rodenkirchener Atelierhauses

gesichert werden. – Begegnung mit dem chinesischen Traditionsmaler Chang Dai-Chien anlässlich der Ausstellung in der Kölner Galerie Leppich über »Chinesische Tuschmalerei«. Berke verfasst ein Vorwort für den Katalog.

1969

Eine Provence-Reise löst Arbeiten aus, die, wie schon in der Syrien-Reise überzeugend praktiziert, Figuren und Figürliches mit der speziellen Farb- und Lichtatmosphäre der Region verbinden und ins Unwirkliche erheben. So behaupten sich wie früher Satire und Groteske: dörfliche Erlebnisse in Blauvac *(Provence)* führen zu den zahlreichen Variationen der kuriosen »Les Gauchers de Blauvac«, tölpelhaften Dorfbewohnern, die sich als schemenhafte Züge, verwachsen mit bizarren Baum- und Wurzelformen des Südens, im mediterranen Farb- und Lichtdunst auflösen oder wieder neu zusammensetzen. – Eine Mischung aus Groteske und Science-Fiction stellen die zahlreichen wuchernden Variationen in den Serien »Spaziergang im Jahre 2000« *(ab 1967)* und, nach der 1. Mondlandung am 20. Juli 1969, in den »Anmerkungen zur Mondfahrt« dar. Wie bei den »Avantgardistinnen« *(ab 1962)* und verschiedenen Versionen des Themas »Schönheitskönigin/Miss World« durchdringen lockere Farbpartien das figurenähnliche, skurrile Liniengestrick und sein unheimliches Wachsen und Vibrieren.

Ausschnitten aus Jürgen Beckers Buch »Felder« in der Zeitschrift »Köln« *(Heft 1/69)* sind vier ganzseitige Illustrationen von Berke beigegeben. Weitere Federzeichnungen zu diesem Buch befinden sich im Nachlass. – Aus dem breiten Spektrum von Berkes literarischen Interessen seien E. T. A. Hoffmann, Achim von Arnim und vor allem Jean Paul, Else Lasker-Schüler, Jean-Paul Sartre, Arno Schmidt (s. o.), aber auch altpersische Dichter und Mystiker sowie seine besondere Liebe zu deutschen und außereuropäischen Märchen erwähnt. Das außerordentlich reiche Schaffen als Illustrator verdient nach zeichnerisch-stilistischen Gesichtspunkten ausführlich gewürdigt zu werden. *(Vgl. Jahr 2008)*

1971

Berke stellt zusammen mit dem Kölner Photographen Chargesheimer, von dem »Meditationsmühlen«, lichtkinetische Skulpturen, gezeigt werden, im Kölnischen Kunstverein aus. Chargesheimer war für Berke »Freund und ›Figurine der Vorhölle‹«, der in der gleichnamigen Serie auch Konrad Adenauer, Willy Brandt, Charles de Gaulle und Josef Haubrich ansiedelt *(Blätter im Nachlass)*. Berke war mit Carl Heinz Hargesheimer *(»Chargesheimer«)* schon in der Alfterer Zeit eng befreundet und ist von ihm verschiedentlich fotografiert worden. Negative befinden sich u. a. im Nachlass Chargesheimer in der Fotosammlung des Museums Ludwig Köln und im Nachlass Berke.

Brunhilde Berke schreibt 1989: »Chargesheimer war uns ein treuer Freund. Unser Verhältnis zueinander war so selbstverständlich und natürlich, gegenseitiges Verständnis und Achtung voreinander. Wenn er uns in Alfter in unserer Stallwohnung besuchte, in der wir nach dem Kriege elf Jahre lebten, war sein erster Schritt zum Grammophon, um Platten aufzulegen mit Jazzmusik und Spirituals, die wir in großer Menge gesammelt hatten.

Bei Unterhaltungen schwelgten er und Hubert in tollsten Ideen und hatten die verrücktesten Zukunftsvisionen. Bei Spaziergängen begeisterten sie sich an alten Bretterbuden, rostigen Gegenständen und ähnlichen Dingen. Es gibt schöne Photos von uns und unserer Stallwohnung, besonders bemerkenswert die Bildfolge, wie Hubert an der Holztreppe steht und beginnt ein Bild«. *(aus: Chargesheimer persönlich, Köln 1989, S. 50)*

1971/72

Berke entwirft einen großen Glasfenster-Zyklus für die Stiftskirche in Bonn *(Ausführung Wilhelm Derix, Düsseldorf-Kaiserswerth)*. Berke gestaltet u. a. auch die Glasfenster für das Franziskanerinnen-Kloster in Olpe und die St. Josefs-Kirche in Köln-Rodenkirchen. Christliche Bezüge, einschließlich der Apokalypse, sind Inhalt verschiedener Zeichnungen schon der 1930er Jahre und der Kriegszeit.

1972

Zwischen 1972 und 1975 verarbeitet Berke die Eindrücke mehrerer Aufenthalte auf Kreta im Frühjahr und Frühherbst 1972 und 1974. Überraschenderweise scheint in dieser Serie das reiche geschichtliche Erbe kaum Niederschlag zu finden: Sie ist fast ausschließlich den landschaftlich-atmosphärischen Schönheiten der Insel gewidmet. Nach der, von Ausnahmen abgesehen, eher gemäßigten Farbigkeit der »Syrien-Serie« mit ihren oft ausgebleichten Tönen, zeichnen sich die Arbeiten seit Kreta wieder – deutlich etwa ausgelöst von der Frühjahrsvegetation – durch eine vielseitige, gesteigerte und leuchtende Farbigkeit aus. Schwarz tritt fast vollständig in den Hintergrund. Auch die Feder- und Stiftlinien gehen in diesen zarten Auflösungen und Vermischungen von Erinnerungsfragmenten unter. Als Höhepunkt seiner Farbkraft im Spätwerk huldigt Berke 1974, ausgehend von den Stimulanzien der Kreta-Aufenthalte, noch einmal dem altchinesischen Patriarchen der Tuschmalerei, Mu-ch'i, in einer kleinen Serie von sechs Fächerbildern. In bisher unbekanntem Maß wirkt Weiß im Blattgrund. Als »passiver Resonanzraum« *(E. Beaucamp)* verleiht er den Blättern imaginäre Räumlichkeit und Tiefe. Die »Huldigung an Mu-ch'i« spricht sich auf randlosen Blättern aus, die wie Rundfächer geschnitten sind. Das ergänzende Zusammenspiel von Tuschmalerei und Farben hat sich in diesen abstrakten Fächerbildern nach ostasiatischem Vorbild aufs Äußerste sublimiert.

1973

Die »Holland-Serie« als größte Werkgruppe der letzten Schaffensjahre entsteht im Zusammenhang häufiger, teilweise längerer Aufenthalte des Künstlers an der südholländischen Küste auf der Insel Schouwen seit 1973. Im eigenen Ferienhäuschen, einer versteckten Klause inmitten dicht bewachsener Dünen, kann Berke sich, wie Wanderer, Dichter und Mönche auf chinesischen Rollbildern, ungestört eins mit der Natur und ihren Regungen fühlen: »Ausschau haltend nach ungewöhnlicher Szenerie genieße ich in einsamer Hütte wieder höchste Erfüllung.« *(Mo Shilong, 1539–87)* Fluktuierende Zonen von Ufer, Wasser und Atmosphäre bilden zentrale Themen der Serie. In diesem »Zwischenreiche«, das die Elemente »kosmisch und atmosphärisch kombiniert«, protokollierte Berke mit Feder und Pinsel unermüdlich die gesetzmäßigen Oberflächenveränderungen von Ebbe und Flut, die flüchtigen Ordnungen ihrer »Spuren« und deren rasche Auflösung. Dementsprechend werden auch die vom Meer ausgeworfenen, von den Menschen erzeugten Zufallsrelikte des Strandgutes untersucht: Opfer der Zeit, vergängliche, durch die Natur bald veränderte »ready-mades« wie Netze, Hölzer, Kartons. »Gezeiten«, »Zeit«, »Zeitgewebe« sind häufige Titel von oft kleinformatigen Arbeiten *(alle auf Papier)*, die meditativer Naturbeobachtung, philosophischer Spekulation wie vertiefter Reflexion über den Umgang mit Fläche, Raum, Linie und Bewegung erwachsen: »metalogische« Kartographie. Die Farben untermalen die »unendliche Bewegung« dunstig-

Bei der Arbeit an einem *Fensterentwurf (Essen-Haarzopf, Christ König Kirche)* in der Firma Derix, *Foto:* Thomas Schönauer Düsseldorf 1977

gedämpft. Die »Hollandserie« greift in komplexer Form zentrale Begriffe Paul Klees auf.

1975

Neben anderen Arbeiten stellt Berke im Hause der Kölner Kunstfreunde Paul-Viktor und Ruthilde Bürgers, Rautenstrauchstraße 76, Porträts aus, die er in den vergangenen Jahrzehnten vornehmlich in Kölner Familien meist in Tuschpinseltechnik oder mit der Feder geschaffen hatte.

1978

Im Rahmen einer Süditalien-Reise besucht Berke von der Insel Ischia aus Herculaneum. Hier offenbart sich die römische Antike dem Siebzigjährigen – weit über das in Köln während der Nachkriegszeit ans Tageslicht Geförderte hin-

Hubert Berke beim Porträtieren im Rodenkirchener Atelierhaus, ca. 1965

aus. In der »Herculaneum-Serie« als letzter geschlossener Schaffensgruppe fixiert sich die Auseinandersetzung mit »Zeit«, wie es schon in der »Syrien-Serie« geschah, abermals auf einen bestimmten Abschnitt der europäischen Kulturgeschichte. Die Mythologeme, die subjektiven Methoden einer einfühlenden »Künstlerarchäologie« im Sinne verschiedener Tendenzen der 1970er Jahre bei der Aufarbeitung Syriens, bleiben weiterhin gültig, auch wenn Formprobleme nunmehr im Vordergrund stehen. So ist ein erheblicher Teil der »Herculaneum-Serie« von mehr oder weniger konstruktiven Elementen bestimmt, die sich in geraden, z. T. mit dem Lineal gezogenen Linien, regelmäßigen rechtwinkligen und dreieckigen Flächen und Kreisen darstellen, bis schließlich Verschiebungen und Verformungen diese späten Annäherungen an die Präzision der Op-Art wieder zurücknehmen. Berke hat verschiedene Arbeiten so eingeteilt, dass sie zitatenreiche Felder der Erinnerung an zurückliegende Schaffensabschnitte und Serien sowie fernöstliche Form- und Motivaspekte (Flecken, Halme, Ranken, Astverläufe) enthalten. Asien ist in der Antike aufgegangen.

1979

Am 24. November stirbt Berke in Köln-Rodenkirchen. Das Museum für Ostasiatische Kunst widmet die gleichzeitige Ausstellung »Zauber des chinesischen Fächers« dem verstorbenen Künstler und zeigt die »Huldigung an Mu-ch'i«.

2006

Brunhilde Berke stirbt am 27.3.2006 mit 93 Jahren in Köln-Rodenkirchen. Sie hat sich bis zu ihrem Lebensende in tiefer innerer Verbundenheit mit Hubert Berke für den Nachlass und die Würdigung seiner Lebensleistung eingesetzt. Nach einer Ausstellung im Wallraf-Richartz-Museum in den 1930er Jahren, auf der auch ihr Mann und Zeitgenossen wie Fritz Ahlers-Hestermann, Eduard Bargheer und Otto Pankok vertreten waren, hat sie ihre eigenen kreativen Neigungen zurückgestellt, aber engstens am künstlerischen und geistigen Leben ihres Mannes, auch an dessen Naturliebe, teilgehabt. Als Sammlerin und Kennerin fand sie besonderes Interesse an außereuropäischen Textilien. Schon 1934 hatte sie an den Kölner Werkschulen Textilkunst studiert. In den 1980er Jahren wurden eigene Textilobjekte und Seidenmalereien in Aachen und Köln, dort zuletzt 1996 in der Galerie Smend, ausgestellt.

2008

Zum 100. Geburtstag Ausstellungen in Köln, Wiesbaden, Kornelimünster, Bonn, Münster, Linnich und Gelsenkirchen. Unter dem Titel »Von und mit Hubert Berke« erscheint das von Ulrich Bartels bearbeitete »Verzeichnis aller von Hubert Berke illustrierten Werke und Schriften, der Schriften und Mappen mit Originalholzschnitten und einem Anhang über seine Glaskunstarbeiten und Mosaiken« *(2. erweiterte Auflage, Selbstverlag Münster)*

Hier rosten die Städte ..., ca. 1940, Gedicht mit Tuschzeichnung, 23 x 20 cm

Impressum

Diese Publikation erscheint anlässlich der Ausstellung
Hubert Berke (1908–1979)
Malerei, Zeichnung, Skulptur, Grafik und Glaskunst

Ein Kooperationsprojekt von
Landeseinrichtung Kunst aus NRW, Aachen-Kornelimünster
    17.5. – 29.6.2008
Landschaftsverband Rheinland, Rheinisches LandesMuseum, Bonn
    29.5. – 6.7.2008
LWL-Landesmuseum für Kunst und Kulturgeschichte, Münster
    22.6. – 17.8.2008
Deutsches Glasmalerei-Museum, Linnich
    18.10. – 30.11.2008
Städtisches Museum Gelsenkirchen
    26.10.2008 – 11.1.2009

Vorbereitungsteam
Maria Engels, Gabriele Uelsberg, Myriam Wierschowski, Richard Kreidler, Leane Schäfer, Dirk Tölke, Erich Franz, Lothar Altringer, Eva Ohlow, Michael und Hubert Berke

Projektleitung: Alexandra Käss

Katalog

Redaktion
    Alexandra Käss

Konzeption und Gestaltung
botschaft prof. gertrud nolte visuelle kommunikation und beratung, düsseldorf, botschaftnolte.de

gesetzt in
    Stempel Garamond (Fließtext: Regular 9,8pt auf 13,5pt u.a.), Garamond Kapitälchen, Akzidenz Grotesk

Produktion
    Marcus Muraro

Litho
    L&N Litho, Waiblingen

Gesamtherstellung
    fgb-freiburger grafische betriebe

Umschlagabbildungen und Zitat
    Hubert Berke, Fingerring, 1970, Holz, Nägel, Metallteile, bemalt, 16 x 20 x 17 cm
    Zitat: Friedrich Gerke: Hubert Berke, Mainz 1962, S. 58

Copyright
    © 2008 DuMont Buchverlag, Köln

    © 2008 für die Abbildungen:
    Hubert Berke Nachlass Köln; Fotos aus der Glaswerkstatt Derix mit freundlicher Genehmigung von Thomas Schönauer; Abb. S. 2: Chargesheimer; Abb. S. 81: Dirk Tölke

    © 2008 für die Texte:
    Autoren und ihre Rechtsnachfolger

ISBN 978-3-8321-9114-6

Printed in Germany

Erschienen im DuMont Buchverlag, Köln
www.DuMont-Buchverlag.de

Mit freundlicher Unterstützung